VERBORGENES
AMSTERDAM

Marjolijn van Eys und Delphine Mousseau
Fotografien von Corné Henri Bibo
und Christelle de Cazenove

JONGLEZ VERLAG
Reiseführer

Marjolijn van Eys ist seit mehr als 30 Jahren hauptberuflich als Fremdenführerin tätig und kennt in Amsterdam jeden Winkel. Es gibt kaum einen Ort, an dem sie noch nie zu Gast war, kaum einen Menschen, dessen Familie ihr nicht bekannt ist. Gemeinsam mit Delphine Mousseau, gebürtiger Französin und seit vielen Jahren Wahl-Amsterdamerin, entdeckt sie ihre Stadt im bikulturellen Austausch neu.

Wir hatten große Freude bei der Arbeit an diesem Reiseführer mit dem Titel *Verborgenes Amsterdam* und hoffen, dass Sie wie wir in seiner Begleitung ungewöhnliche, verborgene oder eher unbekannte Aspekte der Stadt entdecken können.
Alle aufgeführten Orte sind gut erreichbar und auf den Karten zu Beginn der einzelnen Kapitel eingezeichnet. Einige Einträge sind mit historischen Anmerkungen oder Anekdoten versehen, die dazu beitragen sollen, die Stadt in ihrer ganzen Komplexität zu verstehen.
Verborgenes Amsterdam soll Ihre Aufmerksamkeit auch auf eine Vielzahl von Details lenken, auf die wir an Orten gestoßen sind, an denen man Tag für Tag achtlos vorübergeht. Wir verstehen das als Einladung, die urbane Landschaft, die uns umgibt, genauer zu betrachten. Ganz allgemein möchten wir den Blick auf unsere Stadt öffnen, sodass ihr auch Einheimische mit der gleichen Neugier und Aufmerksamkeit begegnen, die wir auf Reisen so oft an den Tag legen …

Über Anmerkungen zu diesem Reiseführer und seinem Inhalt sowie Informationen zu Orten, die darin nicht aufgeführt sind, freuen wir uns sehr und bemühen uns, diese in künftige Ausgaben aufzunehmen.

Kontaktieren Sie uns:
E-Mail: info@jonglezverlag.com

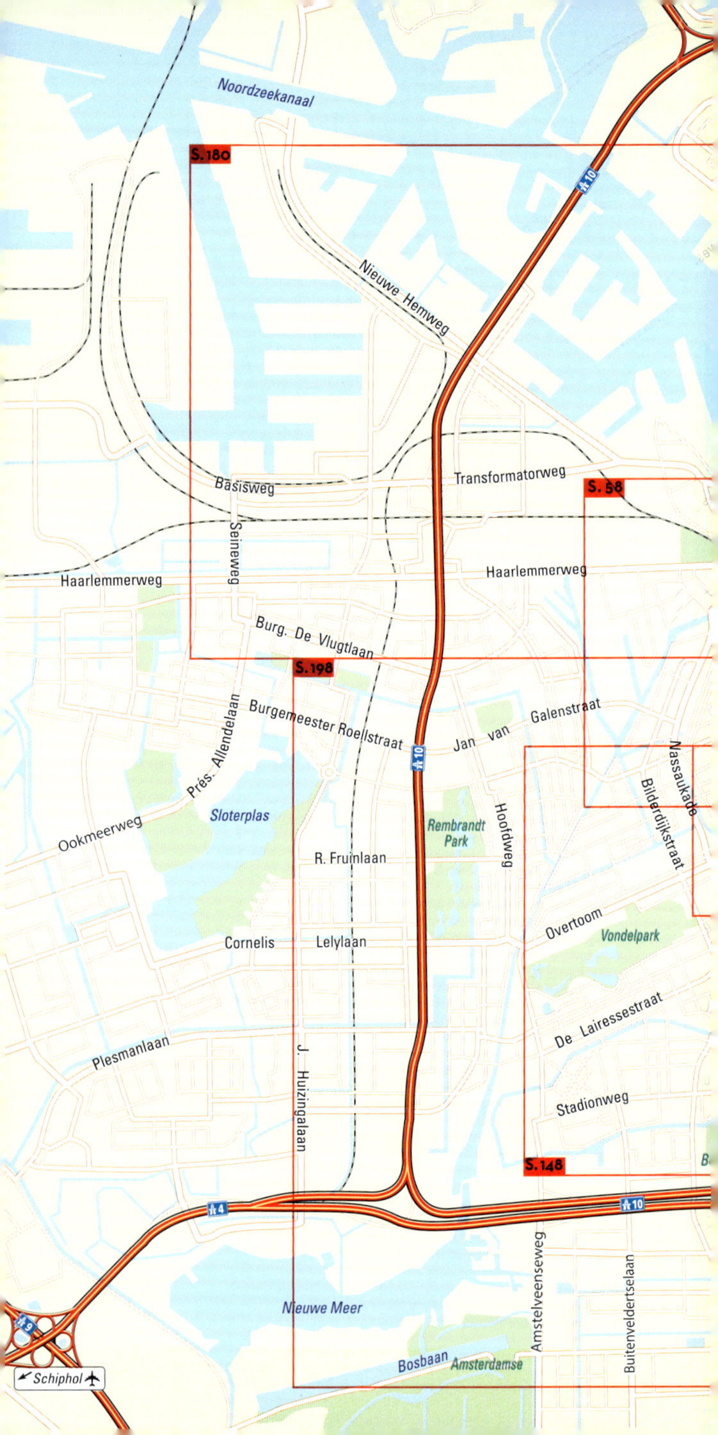

Noordzeekanaal
S. 180
A 10
Nieuwe Hemweg
Basisweg
Transformatorweg
S. 58
Seineweg
Haarlemmerweg
Haarlemmerweg
Burg. De Vlugtlaan
S. 198
Burgemeester Roellstraat
Jan van Galenstraat
A 10
Prés. Allendelaan
Nassaukade
Bilderdijkstraat
Ookmeerweg
Sloterplas
Rembrandt Park
Hoofdweg
R. Fruinlaan
Overtoom
Vondelpark
Cornelis Lelylaan
De Lairessestraat
Plesmanlaan
J. Huizingalaan
Stadionweg
S. 148
A 4
A 10
Amstelveenseweg
Buitenveldertselaan
Nieuwe Meer
A 9
Bosbaan
Amsterdamse
Schiphol

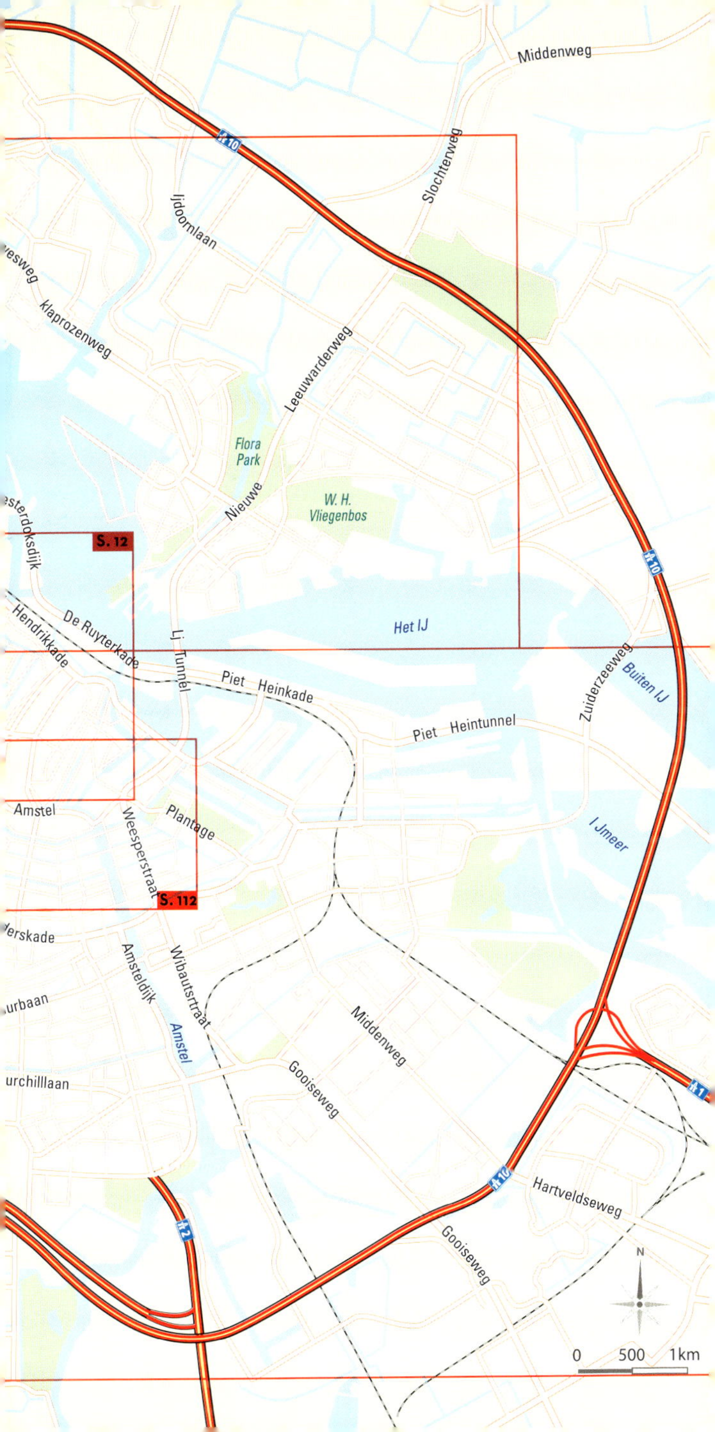

Middenweg
A10
Slochterweg
Ijdornlaan
esweg
Klaprozenweg
Leeuwarderweg
Flora Park
W. H. Vliegenbos
Nieuwe
esterdoksdijk
S. 12
De Ruyterkade
Hendrikkade
Lj Tunnel
Het IJ
Piet Heinkade
Piet Heintunnel
Zuiderzeeweg
Buiten IJ
Amstel
Weesperstraat
Plantage
I Jmeer
S. 112
erskade
Amsteldijk
Wibautsrtraat
urbaan
Amstel
Middenweg
urchilllaan
Gooiseweg
A1
A10
Hartveldseweg
A2
Gooiseweg
N
0
500
1km

INHALT

Zentrum

Nordwestlicher Grachtengürtel, Jordaan

Südöstlicher Grachtengürtel, De Plantage, Jüdisches Viertel

Vondelpark und Umgebung

Außerhalb des Zentrums – Norden

Außerhalb des Zentrums – Süden, Westen, Osten

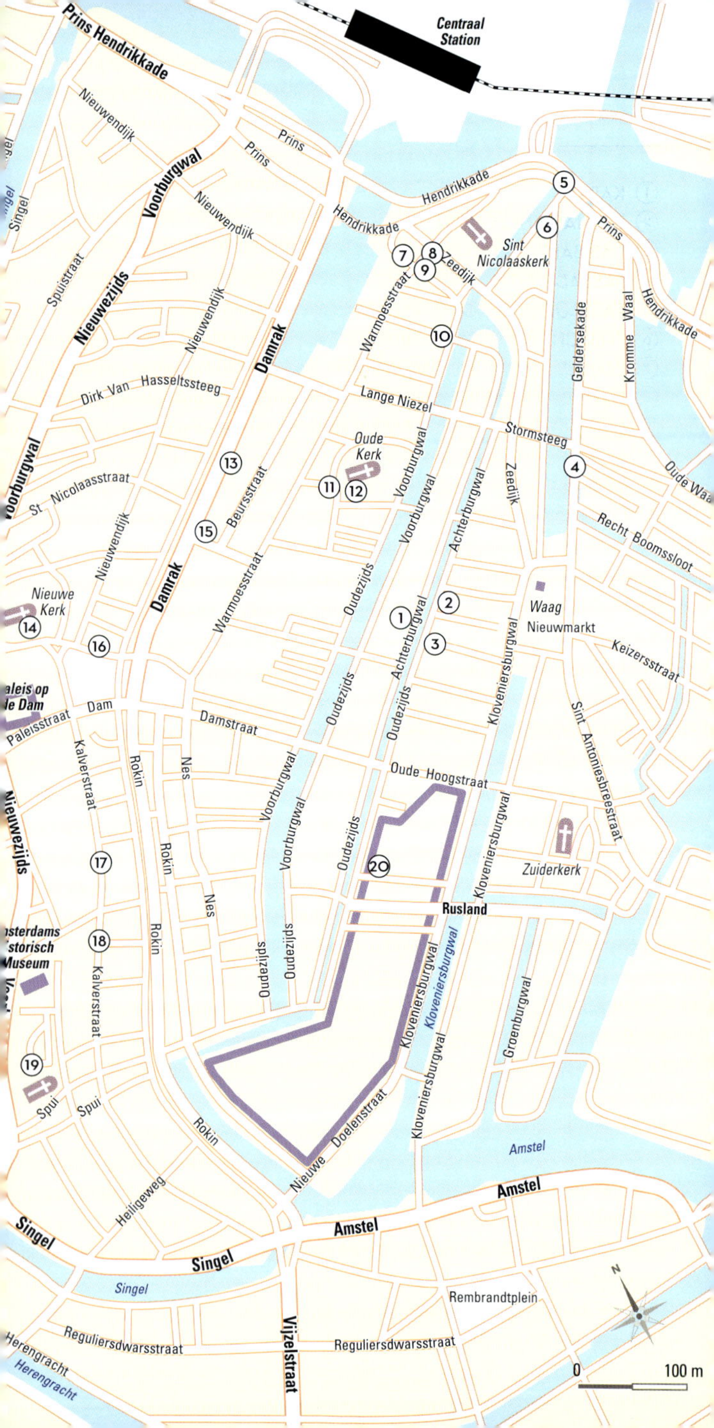

Centraal Station
Prins Hendrikkade
Prins Hendrikkade
Prins Hendrikkade
Nieuwendijk
Voorburgwal
Nieuwezijds
Singel
Spuistraat
Damrak
Warmoesstraat
Zeedijk
Sint Nicolaaskerk
Geldersekade
Kromme Waal
Dirk Van Hasseltssteeg
Lange Niezel
Stormsteeg
Oude Kerk
Oudezijds Voorburgwal
Oudezijds Achterburgwal
Oude Waal
Recht Boomssloot
St. Nicolaasstraat
Beursstraat
Nieuwe Kerk
Waag
Nieuwmarkt
Keizersstraat
Kloveniersburgwal
Paleis op de Dam
Paleisstraat
Dam
Damstraat
Sint Antoniesbreestraat
Kalverstraat
Rokin
Nes
Oude Hoogstraat
Zuiderkerk
Rusland
Amsterdams Historisch Museum
Groenburgwal
Spui
Doelenstraat
Nieuwe
Amstel
Heiligeweg
Singel
Rembrandtplein
Reguliersdwarsstraat
Vijzelstraat
Herengracht
0
100 m
N
1 2 3 4 5 6 7 8 9 10 11 12 13 14 15 16 17 18 19 20

Zentrum

KAPELLE FÜR ALLE ①

Ein Ort des Gebets für Christen und Juden

Allemanskapel Sint Joris
Oudezijds Achterburgwal 100
020 626 66 34
Gottesdienst täglich außer sonntags um 8:45 Uhr und um 19:30 Uhr
Torah-Lesung jeden Freitagabend

Die Allemanskapel ist ein Ort, der fernab aller Erinnerungen an die *alteratie* (s. unten) Gläubige aller christlichen und jüdischen Konfessionen willkommen heißt. In diesem Sinne vereint die „Kapelle für alle" traditionelle Symbole mehrerer Religionen: einen Ambo (Bibel-Lesepult in protestantischen Kirchen), eine katholische Kanzel, eine orthodoxe (mobile) Ikonostase, durch die der Chorraum vom Rest der Kirche abgetrennt werden kann, sowie am Eingang ein Taufbecken nach evangelikaler Tradition. Die Bodenmotive in Form konzentrischer Kreise stehen für die Impulse, die der Schöpfer unserer Welt gibt, sowie für die verschiedenen Kreise, in denen sich die Mitglieder der Gemeinschaft engagieren. Der Kerzenleuchter in Form eines Erdballs symbolisiert unsere Hingabe an Gott. Ganz im Geiste des Ortes werden die Messfeiern im Wechsel von Pfarrern, Pastoren und Rabbinern abgehalten.

Die alteratie*: von Katholiken zu Protestanten*

Am 26. Mai 1578 ging die katholische Stadtregierung, die sich zuvor Oranien unterworfen und dem Kampf gegen die Spanier angeschlossen hatte, in die Verwaltung eines orangistischen protestantischen Rats über – ein Schlüsselmoment in der Stadtgeschichte. Als Folge dieser *alteratie* (dt. „Wechsel") gelangten alle Kirchen und Kapellen in die Hände der Protestanten oder wurden für weltliche Zwecke genutzt. Um jeglichen Hinweis auf Heilige oder die Jungfrau Maria zu verbannen, erhielten sie zudem neue Namen. Katholiken wurden zwar nicht verfolgt, sahen sich jedoch angesichts des Verbots, ihren Glauben offen zu praktizieren, bis 1798 gezwungen, in Geheimkirchen Zuflucht zu suchen. Dazu gehören die heute berühmte Ons' Lieve Heer op Solder („Unser lieber Herr auf dem Dachboden", Museum Amstelkring) und die Kirche De Papegaai (s. S. 49).

Die Amsterdamer Klöster

Im Mittelalter gab es in Amsterdam außerhalb der Stadtbefestigung über 20, mehrheitlich von Nonnen geführte, Klöster. Die meisten von ihnen lagen im südwestlichen Teil der Stadt zwischen Rokin, Nes und Kloveniersburgwal. Heute zeugen nur noch Straßennamen von dem einst so reichen religiösen Leben der Stadt. Die Bethaniënstraat etwa verweist auf das Kloster der heiligen Maria Magdalena von Bethanien (s. nächste Seite), die Monnikenstraat (nl. *monnik* = „Mönch") auf ein früheres Franziskanerkloster und die Regulierstraat auf einen Konvent der Augustiner-Regularkanonissen. Die kleine Gasse Gebed zonder end („Gebet ohne Ende") erinnert mit ihrem amüsanten Namen daran, dass hier einst mehrere Klöster lagen und folglich immerzu Gebete zu hören waren.

BETHANIENKLOSTER

②

Ein Kloster, das Kühe züchtete

Bethaniënklooster
Barndesteeg 6b
020 625 00 78
Kostenlose Konzerte der Studierenden des Konservatoriums immer freitags um 12:30 Uhr (außerhalb der Schulferien)

Das Kloster der heiligen Maria Magdalena von Bethanien richtete sich ursprünglich an Frauen, die für ein ausschweifendes Leben Buße tun wollten. 1492 gewährte das Kapitel seines Mutterhauses in Den Haag der Glaubensgemeinschaft das Recht, unter Leitung eines eigenen Kaplans eine Kapelle mit Friedhof zu errichten.

Zudem unterhielt das Kloster eine eigene Viehzucht (s. unten) und widmete sich dem Bierbrauen. 1578 wurde es geschlossen. Heute sind nur noch der 1980 sanierte Nordflügel am Barndesteeg sowie ein über zwei Stockwerke reichendes Kellergewölbe aus dem 15. Jahrhundert erhalten.

Wie kam die „Kuhstraße" zu ihrem Namen?

Nach der *alteratie* von 1578 kaufte die Stadtverwaltung von Amsterdam weite Teile des Grundstücks des Bethanienklosters zurück.
Heute erinnert der Name der Koestraat daran, wo einst die Ställe des Klosters standen.

IN DER UMGEBUNG

Das Basrelief der Weinhändlergilde ③

Wijnkopersgildehuis, Koestraat 10–12

Im Giebel über dem Eingang zur Koestraat 10–12 zeigt ein Basrelief einen stehenden Bacchus, der die Zweige einer Weinrebe mit Blättern und Trauben in Händen hält. Die Darstellung ist ein Hinweis auf die Nutzung des Gebäudes, das zwischen 1630 und 1798 der Gilde der Weinhändler als Versammlungsort diente. Das Gebäude samt Tür wurde 1633 von dem Architekten Pieter de Keyser erbaut und steht seit 1970 unter Denkmalschutz.

FASSADENSTEIN „IN COIGNAC“ ④

Von Wein zu Branntwein und schließlich Cognac …

Geldersekade 97

Das Anfang des 17. Jahrhunderts errichtete Gebäude in der Geldersekade 97 ziert zwischen dem ersten und dem zweiten Stock ein schöner Fassadenstein, auf dem eine Stadtansicht sowie die Inschrift „In Coignac“ zu sehen ist. Der Stein erinnert an die Bedeutung der Niederlande für die Geschichte und den Handel mit Cognac (s. rechte Seite) sowie an den wohlhabenden Wein- (und Cognac-) händler Willem Hendrickszoon, in dessen Auftrag das Gebäude errichtet wurde.

Nachforschungen, die 1993 im Zuge der Sanierung des Steins unternommen wurden, ergaben, dass es sich bei der dargestellten Stadt um das französische Cognac im Département Charente handelt (s. rechte Seite). Hinter der alten Stadtmauer erheben sich halbrunde Bastionen, Türen, Brücken, Gebäude ohne Turm sowie Kirchen und Kapellen. Im linken Bereich der Szene ist Schloss Cognac dargestellt. Der Künstler erwies sich als detailverliebt: Am Flussufer erkennt man einen Reiter und Spaziergänger.

Amsterdam: Ursprung des Cognac

Der Cognac hat den Niederländern viel zu verdanken. Ab dem 11. Jahrhundert trieb die Stadt Cognac regen Handel rund um ihre Salzlager. Holländische Schiffe, die Weizen aus Osteuropa nach Westfrankreich brachten, luden für den Rückweg zunächst Salz und später, mit zunehmendem Weinbau im Poitou, Wein. Dieser Wein wurde schon bald sehr beliebt, litt jedoch aufgrund seines geringen Alkoholgehalts unter den langen Fahrten. Im 17. Jahrhundert entdeckte ein Apotheker aus Amsterdam, dass sich der Geschmack durch Erhitzen und Hinzufügen von Wasser auf interessante Weise veränderte und das Gebräu zudem länger haltbar wurde. Es erhielt den Namen *brandewijn* – „Branntwein". Kurz nach dieser Entdeckung, so die Legende, kam ein Weinbauer aus der Charente, der Chevalier Jacques de la Croix-Maron de Segonzac, auf die Idee, das Getränk ein zweites Mal zu destillieren, und gewann daraus einen langfristig genießbaren Weinbrand: den Cognac.

FASSADENSTEIN DER KLAGEFRAUEN DER VOC

5

Trauriger Abschied zu einer Fahrt ins Ungewisse

Prins Hendrikkade 94–95 – 020 428 82 91

Das Café der VOC (Vereenigde Oostindische Compagnie) empfängt seine Gäste im Schreierstoren, einem der mittelalterlichen Wehrtürme der Stadt. Dieser 1480 erbaute Turm stand ursprünglich direkt am Meer. Da in der Zwischenzeit der Untergrund angehoben wurde, liegt ein Teil des Turms heute unter der Erde. An dem Turm ist ein interessanter Fassadenstein aus dem Jahr 1569 zu sehen, auf dem eine weinende Frau dargestellt ist. Neben ihr, in der Mitte des Steins, liest man die Inschrift „*Scrayer-Houck*“, was wörtlich übersetzt so viel bedeutet wie „Ecke der Weinenden“. Hier nahmen einst Frauen von ihren Männern Abschied, wenn diese zu langen Schiffsreisen ins Ungewisse aufbrachen. Bisweilen wird die Bezeichnung Schreierstoren auch auf niederländisch *schreye houck* („spitzer Winkel, scharfe Ecke“) und damit auf die Lage des Turms an einer hervorspringenden Stelle der alten Stadtmauer zurückgeführt. 1946 wurde am Turm eine Gedenktafel angebracht, die an den ersten Schiffskonvoi der VOC erinnert; er brach 1596 von eben diesem Ort nach Indien auf. Von den vier Schiffen kehrten 1597 nur drei zurück. Der Vogel steht für jenes, das nicht zurückkam. Eine weitere Bronzetafel der Greenwich Village Historical Society erinnert an Henry Hudson, der am 4. April 1609 von hier aus an Bord der unter der Flagge der VOC segelnden *Halve Maen* („*Halbmond*“) in Richtung Amerika in See stach. Nach ihm ist der Hudson River in den USA benannt.

Eine Übersicht über weitere Fassadensteine mit VOC-Bezug findet sich auf der folgenden Doppelseite.

Die erste Aktiengesellschaft der Welt

Die Gründung der Niederländischen Ostindien-Kompanie (nl. *Vereenigde Oostindische Compagnie*, VOC) im Jahr 1602 ist einer der maßgeblichen Faktoren für die historische Macht der Niederlande. Auf dem Gipfel ihrer Strahlkraft besaß die Republik der Vereinigten Niederlande nach Portugal das zweitgrößte Kontornetz der Welt. Das ostindische Abenteuer war ein kostspieliges und riskantes, aber auch äußerst lukratives Unterfangen. Die reichen Händler aus den Vereinigten Provinzen wussten dies und schlossen sich mittels Charta vom 20. März 1602 zur ersten durch Aktien finanzierten, exklusiv für den Orienthandel von Südafrika bis Japan zuständigen Privatgesellschaft zusammen. Der Umstand, dass dadurch – anders als bei expeditionsbezogenen Finanzierungen – dauerhaft Kapital zur Verfügung stand, verlieh der VOC neben der großen Anzahl von Aktionären und dem damit verbundenen hohen Kapitalbestand einzigartige finanzielle Stabilität. Zudem war die VOC mit allen Hoheitsrechten ausgestattet: Im Namen der Abgeordnetenkammer konnte sie Kolonien gründen, eine eigene Armee aufstellen, Kriege erklären und Abkommen unterzeichnen, Recht sprechen, Münzen prägen und Steuern erheben. Die VOC war dezentral in sechs unabhängigen Regionalkammern organisiert, die jeweils eine Stadt samt Umland repräsentierten. Die Kammern wiederum wählten 17 Delegierte, die das Direktorium, die *Heeren XVII*, bildeten. Die VOC ist die erste strukturierte Organisation eines von feudalen Privilegien befreiten Handelsbürgertums oder auch die erste Manifestation des Kapitalismus. Vorrangig handelte die VOC mit Gewürzen, Porzellan und Seide. Doch die Schiffe hatten auch Tabak, Reis, Tee, Kaffee und Zucker, Eisen, Zinn und Stahl sowie, natürlich, Opium geladen. Auch der von Batavia (dem heutigen Jakarta) ausgehende regionale Handel in ganz Asien bis China und Japan war der Kompanie zuträglich. Angesichts des katholischen Missionseifers der Portugiesen schloss Japan 1639 den Zugang zu seinen Häfen für alle Schiffe außer die der Niederländer, die bis 1859 über ein Kontor auf der vor Nagasaki aufgeschütteten Insel Dejima verfügten. Innerhalb von zwei Jahrhunderten entsandte die VOC rund eine Million Menschen auf 4721 Schiffen nach Asien, von denen 3356 mit knapp 2,5 Millionen Tonnen Waren zurückkehrten. Bereits vor der VOC wurde im Jahr 1600 die Britische Ostindien-Kompanie gegründet. Als erster aktienbasierter Zusammenschluss diente die VOC vielen anderen in der Folge als Vorbild: der französischen Compagnie des Indes Orientales (1664 gegründet durch Jean-Baptiste Colbert), der dänischen Asiatisk Kompagni (1670 gegründet) und der schwedischen Ostindiska Companiet (gegründet 1731).

Weitere Fassadensteine der VOC

Neben dem Fassadenstein am Schreierstoren finden sich in Amsterdam zahlreiche weitere ähnliche Steine, die sich mit den ostindischen Abenteuern der Niederländer befassen. Nachfolgend eine Auswahl:

Am Haus Oudezijds Voorburgwal 14 sind auf einem Fassadenstein an der Seitenmauer drei fröhliche Matrosen zu sehen, die sich an den Händen halten. Dieser Stein befand sich ursprünglich in der Bethaniëndwarsstraat 20, neben dem Ostindischen Haus (Oost-Indisch Huis), wo die Gehälter der Seeleute ausgezahlt wurden. Der kleine Stein diente vermutlich der Werbung für eine der vielen Herbergen, die es damals in dem Viertel gab.

Oudezijds Voorburgwal 136: schöner Ziergiebel aus Holz mit einem Porträt von Admiral Cornelis Tromp. Er wird als Held in einer für das 17. Jahrhundert typischen Szenerie gezeigt. Sein Status eines Admirals wird durch Attribute wie Harnisch, Globus und Seekarte sowie Führungsstab und Medaille deutlich. Rechts vom Globus ist eine Kanone zu sehen, die auf den Namen des Admirals verweist, der sich durch seinen Sieg gegen die Engländer 1652 auszeichnete.

Am Oudezijds Kolk findet sich an einer kleinen Mauer eine ganze Reihe von Fassadensteinen, die nach dem Abriss mehrerer alter Gebäude erhalten blieben. Erwähnenswert sind dabei insbesondere eine Blume und eine Kaffeekirsche sowie eine liegende Löwin: Im Jahr 1622 erreichte ein Schiff der VOC, die *Leewin* (nl. „Löwin"), den westlichsten Punkt Australiens, der seitdem den Namen Kap Leeuwin trägt.

Außen am Amsterdam Museum befindet sich ein schöner, großer Stein, der einst das Gebäude in der Warmoesstraat 174 zierte und einen Baumwollhändler zeigt. Auf den Ballen sind Angaben über Qualität und Versandweg zu lesen.

Der Stein über dem Eingang zur Tweede Rozendwarsstraat 21 zeigt einen ausstaffierten Seemann. Vermutlich lebte hier einst ein Offizier der VOC. An der Tichelstraat 33 ist oben am Halsgiebel die Inschrift „Batavia 1737" zu lesen, darunter ein von einem Lorbeerkranz umranktes Schwert auf orangefarbenem Schild, Wappen des ersten niederländischen Kontors im indonesischen Batavia. Dieses umfasste zunächst nur ein Fort mit vier nach den niederländischen Provinzen Gelderland, Zeeland, Holland und Westfriesland benannten Bastionen. Mit Niederlassung der VOC und zunehmendem Wachstum erhielt die Stadt den Namen Jakarta. An der Buiten Brouwersstraat 20 findet sich ein schöner vierfarbiger Fassadenstein, der kürzlich restauriert wurde. Er erinnert an den Dreimaster *China*, der 1676 durch die Amsterdamer Handelskammer der VOC in der Werft auf der Insel Oostenburg für Fahrten in den Orient gebaut wurde. Angesichts einer Fahrtzeit von sechs bis neun Monaten schaffte er es zwischen 1677 und 1691 insgesamt fünfmal nach Batavia.

Drei Kaffeesträucher zieren den Fassadenstein in der Sint Nicolaasstraat 38. Sie stehen für die drei Handelskontore an der Küste Ostafrikas – Mocha (Rotes Meer, Jemen), Basra (Irak) und Gamron (Hafen des heutigen Bandar Abbas, Iran) –, aus denen Kaffee verschifft wurde. Der Fassadenstein geht vermutlich auf ein Kaffeegeschäft zurück, das 1742 in dieser Straße eröffnet wurde.

SHIP CHANDLERS WAREHOUSE

⑥

Ein intaktes Warenlager aus dem 17. Jahrhundert

Ship Chandlers Warehouse
Geldersekade 8
shipchandlerswarehouse.nl

Nach vorheriger Terminvereinbarung ist es möglich, die alte, nahezu vollständig in ihrem ursprünglichen Zustand erhaltene Lagerhalle eines Schiffsausrüsters (*ship chandler*) aus dem 17. Jahrhundert samt Tresen und Waagen, Bierfässern und Sammelbehältern zu besichtigen.

Im Goldenen Zeitalter (nl. *gouden eeuw*) versorgten die Kapitäne ihre Schiffe hier mit Proviant, bevor sie in See stachen. Das Geschäft selbst befand sich im Erdgeschoss. Die Waren wurden in den oberen Stockwerken gelagert. Die Produkte, vor allem Lebensmittel, wurden bestellt, getestet und anschließend in kleinen Booten zu den Schiffen gebracht.

Die Inschrift auf einem Stein im Keller verweist auf das Jahr 1624 und der Baustil der rückwärtigen Fassade mit Spitzgiebel (nl. *tuitgevel*) am Oudezijds Kolk 1 spricht eine eindeutige Sprache. Im 18. Jahrhundert wurde das Gebäude stark verändert. Der horizontale Sims mit seinen Ziergirlanden im Stil des Louis-seize entstand um 1775.

Auch das bogenförmige verzierte Tympanon über der Tür ist bemerkenswert. Es zeigt ein Tabakfass und zwei mit Tabakblättern gefüllte Flechtkörbe und erinnert daran, dass der Handel mit Tabak seinen Anfang nahm. Innen ist über der Treppe eine Holzskulptur von Jean Nicot zu sehen, der 1560 Tabak als Heilpflanze entdeckte und dem zu Ehren später das in dieser enthaltene Alkaloid den Namen „Nikotin“ erhielt. Etwa ab 1800 wurde das Lager anderweitig genutzt.

Das Gebäude ist ein typisches Beispiel eines Händlerhauses. Die drei Fenster im Zentrum waren früher vermutlich durch Läden verschlossen. Sie führten hinaus zu den Speichern, in denen die mithilfe des Verladebalkens umgeschlagenen Waren lagerten. Vor 30 Jahren wurde das Gebäude durch die Eigentümer vollständig und originalgetreu saniert.

Der im Stil des 17. Jahrhunderts ausgeschmückte Empfangssaal im ersten Stock kann für Abendveranstaltungen für 20 bis 50 Personen angemietet werden. Für den Aperitif steht der Billardsalon zur Verfügung.

FASSADENSTEIN DER BAR IN DE OLOFSPOORT

⑦

Eine alte Zuckerraffinerie

Louis Bar
Nieuwebrugsteeg 13
Mittwoch und Donnerstag 16–00:30 Uhr, Freitag und Samstag 16–1:30 Uhr und Sonntag 15–22 Uhr

Die Louis Bar empfängt ihre Gäste in einem 1619 vom Architekten Hendrick de Keyser errichteten Gebäude. Dort, wo einst das Stadttor Sint Olofspoort stand, können wir heute einen schönen Treppengiebel im Stil der Niederländischen Renaissance bewundern.

Der polychrome Fassadenstein ist ein interessantes Zeugnis der Geschichte dieses Hauses. Zu sehen sind drei Männer, die im Stil der Bauzeit des Gebäudes gekleidet sind, das in seinen Anfängen, wie der

Inschrift auf dem Stein – *in de lompen* – zu entnehmen ist (altnl. *lomp* = Zuckerbrot) eine Zuckerraffinerie beherbergte. Später wurde es als Bäckerei genutzt.

Erst 1986 wurde das Gebäude zu einer Degustationsbar im Einrichtungsstil des 17. Jahrhunderts umgebaut. Der Treppengiebel geht in seiner Bauart auf Lieven de Key zurück, einen flämischen Architekten, der zu Beginn des 17. Jahrhunderts die Renaissance nach Haarlem brachte. Die vielen kleinen Treppen dieses Giebels zieren schmale weiße Blöcke und Pilaster.

Die Geschichte der pothuizen

Ganz in der Nähe, am Zeedijk/Ecke Sint Olofspoort, sehen Sie neben dem Eingang zur Bar einen niedrigen Vorbau. Dabei handelt es sich um ein sogenanntes *pothuis*. Der Name, wörtl. „Topfhaus“, ist vermutlich irreführend: Im Mittelalter besaßen Häuser straßenseitig meist einen Brunnen, der durch ein kleines Holzhäuschen geschützt und vom darunterliegenden Geschoss aus erreichbar war; die Bezeichnung rührt wohl von *puthuis* – „Brunnenhaus“. Im 17. Jahrhundert verschwanden die meisten *pothuizen*. Einige blieben jedoch erhalten und wurden als Abstellkammer, bisweilen auch von Handwerkern, etwa Schustern, oder sogar als Wohnung genutzt. Seit 1820 ist der Bau von *pothuizen* verboten.

HAUS AM ZEEDIJK 1

Eines der letzten Holzhäuser Amsterdams

Zeedijk 1
020 626 84 01
Sonntag bis Donnerstag 15–1 Uhr und Freitag bis Samstag 15–3 Uhr

Das 1550 errichtete Haus am Zeedijk 1 ist eines von zwei noch vorhandenen Holzhäusern in Amsterdam. Das hölzerne Skelett des Gebäudes ist, wenngleich die Holzkonstruktion auf gemauerten Wänden aufliegt, original. Das Haus wurde mit leichter Neigung nach vorne – *op vlucht* (wörtl. „auf der Flucht", d.h. über die Fluchtlinie hinaus) – errichtet. Das bedeutet, dass jedes Stockwerk um rund 25 Zentimeter weiter nach vorne hinausragt, damit Regenwasser auf die Straße rinnt und Waren einfacher in die oberen Etagen oder auf den Speicher gehievt werden konnten.

Das Haus am Zeedijk 1 diente von jeher als Gasthof. Aufgrund seiner küstennahen Lage beherbergte es oft Seeleute, die von ihren Reisen in ferne Länder Affen mitbrachten und die exotischen Tiere dann – ob als Geschenk oder um ihre Schulden zu begleichen – dem Inhaber überließen. Dieser hielt die Tiere in Käfigen und machte sich allem Anschein nach nichts aus den damit einhergehenden Parasiten. Im Viertel hingegen bürgerte sich schnell eine neue Redensart ein, wenn sich jemand kratzte: „Sieh an, der hat bei den Affen gewohnt!" Noch heute bezieht sich der Ausdruck auf sorgenvolle Menschen; wer würde sich schließlich angesichts einer schwierigen Situation nicht am Kopf kratzen?

Im Erdgeschoss befindet sich heute das Café In't Aepjen (altnl. *aepjen* = nl. *aapje* = „Äffchen"), in den oberen Stockwerken liegen die Hotelzimmer des *Barbizon Palace*.

Das zweite noch existierende Holzhaus von Amsterdam liegt im Beginenhof (Begijnhof 34) nahe dem Spui und stammt aus dem Jahr 1470. Bei weiteren Gebäuden in der Stadt, die ebenfalls über ein hölzernes Grundgerüst verfügen, ist anders als bei den beiden oben genannten nur noch das Gebälk aus dem 16. Jahrhundert im Original erhalten.

Im Mittelalter errichtete man Häuser meist aus Holz. Nach den großen Stadtbränden 1421 und 1452 wurde das leicht brennbare Material jedoch für tragende Wände verboten. Aufgrund des geringen Gewichts von Holz waren weniger tiefe Fundamente erforderlich als bei Häusern aus Stein oder Ziegel, die es indes ermöglichten, höher zu bauen. Die meisten Gebäude entstanden in Ermangelung natürlicher Ressourcen aus Ziegel. Der Baustoff der wenigen Steinhäuser kam aus dem Ausland. Der Bentheimer Sandstein ist nach den grenznahen Steinbrüchen in Deutschland benannt, wo der Stein abgebaut wurde.

SINT OLOFSKAPEL

Die älteste Kapelle von Amsterdam

Außenansicht vom Zeedijk aus
Zugang über das Hotel Barbizon Palace, *Prins Hendrikkade, 59–72*
Besichtigung auf Anfrage unter 020 556 45 64

Die Sint Olofskapel ist die älteste Kapelle Amsterdams. Um 1450 am Zeedijk erbaut, ist sie dem heiligen Odulphus von Brabant,

Schutzpatron der Deiche, geweiht. Ende des 15. Jahrhunderts wurde eine „Jerusalemkapelle“ hinzugefügt; ihr Name geht auf den Umstand zurück, dass sie im 15. und 16. Jahrhundert gern von Pilgern besucht wurde, die von einer Reise ins Heilige Land zurückkehrten und als „Väter Jerusalems“ bezeichnet wurden.

Die Kapelle selbst ist im gotischen Stil gehalten, die Eingänge – einer am Zeedijk von 1644 und zwei am Nieuwebrugsteeg von 1620 bzw. 1671 – im Stil der Niederländischen Renaissance. Das Portal am Zeedijk weist ein saniertes Hochrelief auf. Es zeigt ein liegendes Skelett mit dem lateinischen Hinweis „spes altera vitae“ („Hoffnung auf ein anderes/neues Leben“).

Nach der *alteratie* von 1578 (s. S. 15) wurde die Kapelle von der Stadt konfisziert und als Handelsbörse genutzt. 1602 ging sie an die reformierte Kirche und erhielt den Namen Oudezijds Kapel. 1912 wurde die letzte Messe gelesen. In der Folge übernahm das Bauwerk verschiedene andere Funktionen und diente so unter anderem in den 1950er-Jahren einem wöchentlichen Käsemarkt als Standort. 1964 wurde die Sint Olofskapel aufgrund von Einsturzgefahr geschlossen. Erst 1991 konnte das Gebäude durch den städtischen Denkmalschutz in Zusammenarbeit mit dem Hotel *Barbizon Palace* vollständig saniert werden.

Heute wird die Kirche als Konferenzzentrum genutzt und ist über eine unterirdische Passage mit dem Hotel *Barbizon Palace* verbunden.

Das alte Stadttor Sint Olofspoort

Sint Olofspoort wurde 1370 in der Verlängerung der Hauptarterie der Stadt, der damaligen Kerkstraat und heutigen Warmoesstraat, errichtet. Das Tor umfasste stadtseitig zwei massive Steintürme, eine Brücke über den Kanal und eine Festung im Außenbereich. Ab 1425 wurde das Tor nicht mehr genutzt; die Stadt hatte sich längst weit über die Stadtbefestigung hinaus ausgedehnt. 1618 wurde das Bauwerk abgerissen, sein Name indes lebt in der Straße fort.

Ein hochmoderner Parkplatz

Das Hotel *Barbizon Palace* verfügt über eine Tiefgarage mit 25 Stellplätzen, die elektronisch betrieben wird. Um zu parken, stellt man sein Auto auf einer Plattform ab, die dann vom Pförtner in Gang gesetzt wird, in die Tiefe fährt und das Fahrzeug automatisch auf einem freien Platz abstellt.

FASSADENSTEIN MIT RIGAER STADTWAPPEN ⑩

Spuren des Handels mit dem Ostseeraum

Oudezijds Voorburgwal 14

Am Oudezijds Voorburgwal 14, nicht weit vom alten Hafen (15. Jh.), fällt ein Fassadenstein auf. Er zeigt zwei gekreuzte schwarze Schlüssel und ein Tor – das Stadtwappen von Riga, seit 1918 Hauptstadt von Lettland. Die Darstellung erinnert an die Bedeutung, die dem Handel zwischen den Niederlanden und den baltischen Staaten einst zukam. Wessel Becker, der das Haus um 1650 erbauen ließ, war ein Händler aus Riga, einer Stadt, mit der Amsterdam damals florierende Handelsbeziehungen unterhielt.

Bereits 1356 hatten sich die Städte Zutphen, Deventer, Kampen, Zwolle und Tiel mit mehreren deutschen, belgischen und baltischen Städten zu einem Handelsbündnis zusammengeschlossen. *De Hanze* („die Hanse") genoss die Privilegien mehrerer europäischer Herrscher, die damit die Grundlagen für einen außerordentlich fruchtbaren Handel legten.

Die wichtigsten Städte der Hanseatischen Liga lagen alle am Meer oder an Flüssen. 1438 begann sich eine weitere Handelsorganisation an der Ostsee zu entwickeln, die jedoch erst im 17. Jahrhundert den Namen Moedernegotie (*moeder negotie* – „Mutter des Handels") erhielt und zur zentralen Wohlstandsquelle der Niederlande wurde. Der Handel mit den Anrainerstaaten der Ostsee, insbesondere Polen, Ostpreußen und Lettland, erwies sich als besonders ertragreich, da die Hansestädte hauptsächlich mit Luxuswaren handelten. Die durch diesen Austausch generierten Finanzmittel flossen später zum Teil in den Schiffsverkehr nach Ostindien und den Aufbau neuer Kontore.

Der bevorzugte Schiffstyp für den Ostseehandel war die sogenannte Fleute. Die Schiffe verfügten über einen bauchigen Laderaum und eine schmale Brücke. Da an Bord kaum Besatzung benötigt wurde, konnten mit der Fleute so mehr Waren befördert und gleichzeitig, durch die geringere Deckfläche, die anfallenden Zollgebühren verringert werden. Die niederländischen Händler transportierten Getreide, schwedisches Schießpulver, Holz, Eisen und Waffen nach Frankreich und Portugal und kehrten mit Wein und Salz beladen zurück.

Um 1530 umfasste die Handelsflotte der Niederlande 400 Schiffe – mehr als Englands und Frankreichs Handelsflotten zusammen. Amsterdam wurde im 16. Jahrhundert zum bedeutendsten europäischen Getreidemarkt.

SPRICHWÖRTER IN DER OUDE KERK

⑪

„Aus meinem Hinterteil kommt kein Geld“

Oude Kerk
Oudekerksplein 23
020 625 82 84

Das Chorgestühl der Oude Kerk (die von 1300 bis 1578 als katholisches Gotteshaus dem heiligen Nikolaus geweiht war) zieren schöne Basreliefs, die eine Reihe niederländischer Sprichwörter darstellen. Diese wenig beachteten Darstellungen stammen, der Kleidung der gezeigten Personen nach zu urteilen, aus den 1480er-Jahren und lohnen einen näheren Blick.

Zu finden sind Redensarten wie „Angesichts des Todes hat Geld keinen Wert“, „Man muss die Segel setzen, solange der Wind bläst“ (im Sinne von „Man muss die Gelegenheit beim Schopfe packen“), „Aus meinem

Hinterteil kommt kein Geld“ (für „Ich besitze keinen Goldesel“) oder „Zwischen den Stühlen sitzen“.

Das Sprichwort „Der muss den Mund weit aufmachen, der ihn wie einen Ofen öffnen will“ erinnert daran, dass man sich nicht in vergeblichen Mühen verlieren sollte. Auch verschiedene Sünden (insbesondere Zorn und Trunkenheit) sind dargestellt.

Andere Werke zeugen von der bewegten Geschichte dieser Kirche, die 1578 für den protestantischen Gottesdienst umgestaltet wurde. Neben dem Chorgestühl ist in diesem Zusammenhang die Heiligendarstellung im Gewölbe erwähnenswert; sie erinnert an die großen Stunden des Katholizismus, während die Kanzel in der Mitte des Altarraums charakteristisch für die reformierte Kirche ist.

In Amsterdam sind drei Kirchen dem heiligen Nikolaus geweiht: die Oude Kerk vor ihrer Umbenennung, die Kirche am selben Kanal, Hausnummer 38–40, die 1661 heimlich errichtet wurde und seit 1888 ein Museum beherbergt, sowie die Kirche am Prins Hendrikkade 73, die 1884–1887 von dem Architekten Andrianus Bleijs erbaut wurde und 2012 den Ehrentitel einer Basilika zugesprochen bekam.

DIE SYMBOLE AN DER VATER-MÜLLER-ORGEL IN DER OUDE KERK

⑫

Feier der göttlichen Musik

Oude Kerk
Oudekerksplein 23
020 625 82 84

Die große Orgel der Oude Kerk wurde 1724–1726 von Orgelbauer Christian Vater gebaut und 1742 von J. C. Müller um neun Register erweitert. Das Gehäuse des Instruments ist reich verziert, wobei jedes einzelne der vielen Details eine ausgesuchte Bedeutung hat: Das Zifferblatt ganz oben umgibt eine Schlange, die sich in den Schwanz beißt – ein sogenannter Ouroboros, Symbol der Ewigkeit. Der Zeiger ist mit Flügeln versehen und verweist damit auf das Verfliegen der Zeit. Der Putto mit seiner Trompete ist als Hinweis auf das Jüngste Gericht sowie auf die Musik zu verstehen, die in der Kirche die Seele erhebt. An den Pedaltürmen thronen zwei weibliche Figuren: Die jüngere auf der linken Seite trägt auf der Stirn ein Herz und in Händen einen Kelch und einen Vogel. Sie steht auf einem Anker und repräsentiert Glauben, Hoffnung und Liebe. Die Figur rechts zeigt eine ältere Frau mit Schleier. Sie blickt ihr Gegenüber an und hält in der Hand ein Weihrauchgefäß, das zum Gebet ermahnt. Der Putto mit dem geöffneten Buch steht für das göttliche Gesetz. Die singende Frau auf der linken und die Gambe (Attribut der Harmonie) spielende Frau auf der rechten Seite stehen für die Beredtheit und das Erhebende der Musik.

Die neue Orgel ersetzte die Brabant-Orgel des bedeutenden Orgelbauers Hendrik Niehoff von 1539. Diese wurde lange von Jan Pieterszoon Sweelinck (1562–1621) gespielt, der bereits im Alter von 15 Jahren zum Organisten von Sankt Nikolaus ernannt wurde und 1580 – obwohl seit 1578 das Orgelspiel in protestantischen Messfeiern abgeschafft war – zum Organisten der Oude Kerk. Er war über die Landesgrenzen hinaus bekannt und erhielt später den Beinamen „Hamburgischer Organistenmacher", weil er alle Organisten dieser Stadt seine Kunst lehrte. Am 20. Oktober 1621 wurde er zum Klang der großen Glocke der Oude Kerk beigesetzt. In der Koestraat 15, wo er viele Jahre lebte, erinnert eine Gedenktafel an ihn.

Louis Bonaparte, erster König von Holland, übergab das Eigentum an den Glockentürmen seines Reichs und damit auch die Pflicht, diese instand zu halten, an die Kommunen. Das war von großer Bedeutung, denn die Glocken gaben durch ihr Läuten nicht nur den Tagesrhythmus vor, sondern warnten die Bewohner auch vor Gefahren wie Bränden, Angriffen oder anderem dräuendem Unheil.

TRESORRAUM DER BÖRSE VON BERLAGE

⑬

Ein Tresorraum aus den Anfängen des 20. Jahrhunderts

Beurs van Berlage – Damrak 277; Führungen können bei der Börse Berlage unter der Nummer 020 620 81 12 gebucht werden

Im Untergeschoss der ehemaligen Wertpapierbörse, unter dem Bistro, das im früheren Entrée und im einstigen Vestibül seine Gäste empfängt,

liegt ein sehenswerter Tresorraum. Die Tresore selbst wurden 1902 in Dordrecht von der Firma Lips gebaut, einem Spezialunternehmen für Sicherheitsschlösser, das von 1871 bis 1998 bestand und in der Branche noch heute ein Begriff ist. Sein Name ist in einem Art-déco-Schriftzug auch innen auf den Türen der Einzeltresore zu lesen; diese wurden an Privatpersonen vermietet, die ihre Papiere und Wertsachen sicher verwahrt wissen wollten. Der Zugang zum Tresorraum erfolgt über eine starke, zwei Tonnen schwere Doppeltür mit einem schönen Schließmechanismus aus Messing und feinen goldgeschmiedeten Zierelementen. Das Ensemble wurde 2001 saniert und kann heute im Rahmen von Führungen oder Ausstellungen besichtigt werden. In Paris kann am Hauptsitz der Société Générale ein ähnlich spektakulärer Tresorraum besichtigt werden (s. Reiseführer *Verborgenes Paris* im selben Verlag).

IN DER UMGEBUNG

Die Sonnenuhren an der Nieuwe Kerk ⑭

Über dem Seitenflügel der Nieuwe Kerk befinden sich in Richtung des Dam zwei Sonnenuhren, nach denen bis 1880 alle Uhren der Stadt gestellt wurden.

SYMBOLISTISCHE KERAMIKTABLEAUS IM BISTRO BERLAGE

15

Vergangenheit, Gegenwart *und* Zukunft

Bistro Berlage, Damrak 277 (Eingang Beursplein 1)
020 530 41 41
Montag bis Samstag 10–18 Uhr, Sonntag 11–18 Uhr

Das Bistro Berlage ist unter Einheimischen und Touristen gleichermaßen beliebt. Im Inneren finden sich drei bemerkenswerte Kunstwerke, deren Bedeutung oft verkannt wird: Die 1903 entstandenen Keramiken im früheren Vestibül der Börse von Berlage, das heute das Bistro beherbergt, sind das Werk von Jan Toorop (1858–1928), einem der bedeutendsten Maler des niederländischen Symbolismus.

Die Kunstströmung des Symbolismus entwickelte sich um 1880 als Reaktion auf eine Welt, die als Produkt der Industriellen Revolution und des damit einhergehenden technischen Fortschritts als über die Maßen materialistisch und ursächlich für Kapitalismus und Klassenkampf wahrgenommen wurde. Eine Reihe von Dichtern aus Frankreich (Arthur Rimbaud, Paul Verlaine, Stéphane Mallarmé) und Belgien (Émile Verhaeren, Maurice Maeterlinck) setzte in diesem Kontext als Erste das Symbol als Mittel einer metaphorischen Sprache ein, um die Schönheit zu zelebrieren. Diese zunächst literarische Strömung voller Träume und Utopie dehnte sich in der Folge auch auf die Malerei und das Theater aus und beeinflusste die Kunst in ganz Europa.

Auch die drei Keramiken von Toorop, angefertigt in der königlichen Porzellan- und Keramikmanufaktur Rozenburg in Den Haag, repräsentieren auf idealistische Weise die Themen der Emanzipation der Frau und des Fortschritts im Dienste der Arbeiter. Die Kacheltableaus mit den Titeln *Vergangenheit, Gegenwart* (s. Foto) und *Zukunft* zeigen nacheinander die inzwischen abgeschaffte Sklaverei, die aktuelle, von Zeitdruck geprägte Arbeitsweise und eine utopische Weltsicht, in der ikonografische Elemente des Goldenen Zeitalters mit einem biblischen Thema und anarchistischen Symbolen vermischt sind. Tatsächlich befand sich Toorop seinerzeit gerade im Prozess der Konversion zum Katholizismus; seine Darstellung von Jesus und der Samariterin am Brunnen stand für die Utopie einer Zukunft, in der jeder seinen Platz finden können würde.

Für Toorop, wie für den Maler Paul Signac und den Schriftsteller William Morris, war das Goldene Zeitalter nicht in der Vergangenheit zu suchen, sondern in einer Zukunft, die es noch zu definieren und zu gestalten galt. Wenngleich Berlage und Toorop eine liberale, der Revolution wenig zugeneigte Linke repräsentierten, empfanden doch viele ihre Werke als Provokation. Toorop wurde vorgeworfen, in der durch und durch kapitalistischen Institution der Börse sozialistischen Idealen Vorschub zu leisten, sodass die Händler bei der Renovierung des Gebäudes 1906 – vergeblich – forderten, die Keramiktafeln zu entfernen.

FASSADENSTEIN DES HEILIGEN NIKOLAUS

16

Darstellung einer dreifachen Auferstehung

Dam 2

Am Dam, dem zentralen Platz der Stadt, zeigt ein schöner Fassadenstein den heiligen Nikolaus bei der Segnung von drei Kindern, die nackt in einem Holzbottich sitzen. Um den Sinn dieser Szene zu verstehen, muss man wissen, dass auf dem Platz früher ein Nikolausmarkt abgehalten wurde und dem Heiligen mehrere Wunder zugeschrieben werden, darunter eines, bei dem er – einer Version der Legende nach – drei wohlhabende Jungen von den Toten erweckt haben soll. Diese hatten während einer Pilgerreise in einer Herberge Halt gemacht, deren Inhaber sie zunächst bestahl und anschließend tötete, in Stücke schnitt und pökelte. Als Nikolaus sieben Jahre nach dem Dreifachmord in derselben Herberge ein Mahl bestellte, erkannte er in der ihm servierten Speise die Überreste der getöteten Pilger und erweckte diese wieder zum Leben.

Die populäre Geschichte stützt sich indes auf ältere und weniger romaneske Quellen: Nach der Rückkehr aus Phrygien wurden drei Offiziere von Kaiser Konstantin I. (um 275–337) der Verschwörung gegen den Herrscher angeklagt. Sie entgingen der Hinrichtung, weil dem Kaiser und seinem Präfekten der heilige Nikolaus im Traum erschienen war. Dieser befahl darin, die zu Unrecht inhaftierten Männer unverzüglich freizulassen. Konstantin verkündete ihre Unschuld und entsandte die drei Offiziere nach Myra, im Gepäck Geschenke und einen Brief, in dem der Kaiser Nikolaus um Vergebung bat.

Die verzerrte Darstellung auf dem Fassadenstein ist darauf zurückzuführen, dass in der byzantinischen Kunst Heilige stets größer als andere Personen abgebildet werden. Die drei Offiziere wirken wie Kinder, die als Opfer eines Schlachters zerstückelt und gepökelt werden sollen. Dem Gefängnisturm kam dem Volksglauben nach überdies die Aufgabe des Pökelfasses zu, in dem das menschliche Fleisch aufbewahrt und später an die Besucher der Herberge ausgegeben wurde.

Der Stein, der das Wunder zeigt, befindet sich seit Anfang des 17. Jahrhunderts an einer Hausfassade. Ursprünglich zierte er ein früheres Gebäude an dieser Stelle, das nachweislich seit 1564 als Sankt-Nikolaus-Haus bezeichnet wurde.

Mehr Informationen über den heiligen Nikolaus und seine Wunder auf der nächsten Doppelseite.

Die Wunder und Schutzpatronate von Sankt Nikolaus

Es gibt mehrere Heilige mit dem Namen Nikolaus. Der wohl berühmteste unter ihnen ist der Bischof von Myra (Anatolien), geboren um 260, gestorben am 6. Dezember 345. Ihm wurden sowohl zu Lebzeiten als auch nach seinem Tod zahlreiche Wunder zugeschrieben, die bis heute in Volkstraditionen weiterleben.

Eines der ersten handelt davon, wie sich Nikolaus, damals noch ein Baby, bei seiner Taufe erhob und diese im Stehen empfing. Nachdem Nikolaus von seinen Eltern ein ansehnliches Vermögen geerbt hatte, soll er die Ehre einer verarmten Familie gerettet haben, indem er drei jungen Mädchen, deren Vater sie zu Prostituierten machen wollte, Gold schenkte. Der Legende nach ermöglichte es ihnen diese Mitgift, standesgemäß zu heiraten.

Laut einer weiteren Legende soll Nikolaus die Stadt Myra während einer Hungersnot gerettet haben. Als er erfuhr, dass in einem benachbarten Hafen ein mit Korn beladenes Schiff vor Anker lag, überzeugte er die Seeleute, einen Teil ihrer Ladung freizugeben, und sicherte ihnen zu, dass das Ganze für sie und ihre Schiffe gut ausgehen würde. Tatsächlich stellten sie bei ihrer Ankunft in Konstantinopel fest, dass sich das Gewicht der Ladung trotz des in Myra entnommenen Getreides wie durch ein Wunder nicht verändert hatte. Vor der Küste Lykiens soll Nikolaus Matrosen aus Seenot gerettet haben. Er erschien ihnen auf wundersame Weise, übernahm das Kommando über das Schiff und brachte es samt Besatzung unversehrt an sein Ziel.

Nach seinem Tod soll Nikolaus' Leichnam ein wundersames Salböl abgesondert haben, das ihn vor Verwesung schützte. 1087 raubten Seeleute die Reliquien des Heiligen und brachten diese nach Bari (Italien), wo sie weiterhin Flüssigkeit abgaben. Die Hagiografie erwähnt eine ganze Reihe weiterer Wunder: Nikolaus erschien im 14. Jahrhundert der heiligen Birgitta von Schweden, befreite Christen aus muslimischer Gefangenschaft, rettete immer wieder Schiffe aus Seenot und erweckte Ertrunkene vom Tode.

Dank seiner Wunder ist der heilige Nikolaus heute Schutzpatron verschiedenster Berufs- und Gesellschaftsgruppen: Neben Seefahrern, jungen Frauen, Metzgern und Unvermählten beschützt er auch Schüler und Kinder. (Dies geht auf die Legende eines Herbergsbesitzers zurückgeht, der drei Jungen getötet und zerstückelt haben soll, s. vorige Doppelseite. Nach der Vergebung durch Sankt Nikolaus soll der Herbergsvater diesen stets am

Nikolausabend bei der Verteilung der Gaben als bestrafender Knecht Ruprecht begleitet haben.)
Nikolaus ist zudem der Schutzheilige von Russland, von Lothringen sowie von rund 150 Städten, Dörfern und Hochschulen. Auch die Stadt Amsterdam konnte sich trotz ihrer nach der *alteratie* streng protestantischen Prägung dem Schutz des so beliebten Heiligen nicht entziehen. Um jedoch niemanden in seinen religiösen Überzeugungen zu verletzen, erhielt er hier den Namen *Sinterklaas*.

GEHEIME PAPAGEIENKAPELLE

(17)

'A quarter of an hour for God'

HH. Petrus en Pauluskerk (De Papegaai)
Kalverstraat 58
Weiterer Eingang: Nieuwezijds Voorburgwal 293
020 623 18 89
Täglich 10–18 Uhr; Messe an Wochentagen um 10:30 Uhr
Hochamt am Sonntagmorgen um 10:30 Uhr und 12:15 Uhr, auf Latein mit gregorianischen Gesängen

Wenn man nicht aufmerksam nach der Vogelskulptur an der Fassade (s. links) Ausschau hält, ist der Eingang zur alten „Papageienkapelle“ schnell verpasst. Die Kapelle, offiziell dem heiligen Josef geweiht, wurde vom Jesuitenpater Augustus van Teylingen im Garten eines Hauses errichtet, das, so sagt man, einem Vogelhändler gehörte. Den Fassadenstein dieses Hauses zierte als Hinweis auf das dort befindliche Geschäft ein Papagei. Ganz hinten im Chorraum der Kirche befindet sich ebenfalls ein bunt bemalter Papagei aus Eichenholz, der einst an der Straße auf den Laden hingewiesen haben soll. Angesichts solch großer Vogelliebe gab der erste Priester, Willem Willemart, der Kapelle den Namen *De Papegaai* („Der Papagei“). Zunächst diente die 1672 nach der *alteratie* (s. S. 15) erbaute Kapelle als katholische Geheimkirche. Die straßenseitige Fassade ist extrem schmal und lässt kaum ein Gebäude solchen Ausmaßes dahinter vermuten.

1848 wurde die Kapelle durch den Architekten G. Moele umfassend im Stil der Neugotik umgestaltet. Sie erhielt einen offiziellen Eingang mit einer sehenswerten, mit glasierter Keramik dekorierten Fassade und den Namen St.-Peter-und-Paul-Kirche.

Nach der *alteratie* sahen sich katholische Kirchen gezwungen, auf Codenamen zurückzugreifen. Als Inspiration konnten wie hier ein Papagei oder, wie bei der Kirche in der Prinsengracht 456, eine Taube dienen, aber auch ein bestimmtes Ereignis (wie bei der Wunderkirche im Beginenhof) oder ein Hinweis auf die Art des Gebäudes: Die Kirche Ons' Lieve Heer op Solder etwa, was so viel heißt wie „Unser lieber Herr auf dem Dachboden“, war unter dem Dach dreier Privatgebäude am Oudezijds Voorburgwal 40 untergebracht.

GEDENKNISCHE FÜR DAS WUNDER VON AMSTERDAM

(18)

Das Wunder von Amsterdam als Ursprung des Wappens der Reichskrone

Kalverstraat 81
Gegenüber dem Eingang zum Amsterdam Museum

In der Kalverstraat 81 ist an der Stelle, an der einst die zum Gedenken an das Wunder von Amsterdam errichtete *Kapel ter Heilige Stede* („Kapelle

an der Heiligen Stätte“) stand, ein Stein in die Mauer eingelassen.

Dieses Wunder ereignete sich am 15. März 1345 bei der Familie Dommer, die an der Ecke der Wijdekapel lebte. An jenem Tag schickte der schwerkranke Ijsbrand Dommer nach einem Priester, der ihm die Letzte Ölung geben sollte. Nach Empfang der heiligen Kommunion musste sich Ijsbrand übergeben, seine Frau warf das Erbrochene ins Feuer. Am nächsten Morgen war Ijsbrand tot; die weiße Hostie indes fand man unversehrt über dem Feuer schwebend. Später wurde am Ort dieser Begebenheit die Wunderkapelle ter Heilige Stede errichtet, die zahlreiche Pilger anzog. Die Straße, die von Sloten (dem heutigen westlichen Stadtteil von Amsterdam) zur Kapelle hinführte, nannte man *Heiligeweg* („Heiliger Weg“). Die Straße zwischen Kalverstraat und Singel trägt noch heute diesen Namen.

1489 markiert eine neue Etappe in der Geschichte des Wunders. Die neunjährige Tochter Maximilians I. von Österreich war schwer krank. Nach dem Tod seiner Frau Maria von Burgund war Maximilian seit 1482 Vormund seiner Kinder; sein Sohn, Philipp der Schöne, hatte die Burgundischen Niederlande geerbt. In einem letzten Versuch, das Leben seiner Tochter zu retten, brachte Maximilian sie nach Amsterdam in die Wunderkapelle. Sie wurde geheilt und der Kaiser gewährte der Stadt Amsterdam zum Dank das Recht, die Reichskrone in ihr Wappen aufzunehmen. Manche halten dem entgegen, dass Maximilian damit vielmehr seinen Dank für einige größere Darlehen zum Ausdruck bringen wollte, die dem Haus Österreich von den Niederländern gewährten worden waren.

Als die Kapelle nach der *alteratie* (s. S. 15) protestantisch wurde, verlagerten die Katholiken ihre Gebete in eine Geheimkirche innerhalb des Beginenhofs, wo sie die Geschichte des Wunders in Fenstern und Gemälden nachzeichneten.

Seit 1598 findet zum Gedenken an das Wunder von Amsterdam immer am ersten Samstag nach dem 12. März frühmorgens eine Schweigeprozession statt. Mehrere Tausend Pilger aller christlichen Konfessionen nehmen alljährlich an dieser Prozession teil, die an dem Gedenkstein in der Kalverstraat 81 beginnt und endet.

DAS GRAB VON CORNELIA ARENTS

(19)

In der Gosse beerdigt

Neben der anglikanischen Kirche des Beginenhofs (Eingang Spuistraat oder Gedempte Begijnensloot)
Besondere Ruhe erbeten, Privatgelände

Im Norden der kleinen Kirche des Beginenhofs, nicht weit vom Eingangstor zur Straße Gedempte Begijnensloot, befindet sich eingebettet in das Straßenpflaster ein steinernes Rechteck. Wie der Hinweistafel an dem Mäuerchen daneben zu entnehmen ist, handelt es sich um das Grab der am 14. Oktober 1654 verstorbenen Beginenvorsteherin Cornelia Arents. Die Lage des Grabs mag verwundern, ist jedoch mit den Spannungen, die nach der *alteratie* von 1578 (s. S. 15) zwischen den Amsterdamer Katholiken und Protestanten herrschten, leicht erklärt: Der Beginenhof war seit 1150 Wohnort unverheirateter katholischer Frauen gewesen, doch die innerhalb seiner Mauern gelegene Kirche wurde in der Folge bald zum Objekt der Begierde der Protestanten. Die anglikanische Kirche vertrieb die Katholikinnen, die sich daraufhin gezwungen sahen, ihren Glauben in einer Geheimkirche in den Häusern der Nummern 29–31 zu leben.

Seit 1419 jedoch wurden die Beginen traditionell in ihrer Kirche beigesetzt. Manche akzeptierten, dass ihr Grab in einer nunmehr protestantischen Glaubensstätte liegen sollte, andere wiederum wehrten sich vehement dagegen – so auch Cornelia Arents, die erklärte, lieber „in der Gosse begraben" zu werden als in einer protestantischen Kirche. Als sie am 14. Oktober 1654 starb, leistete man ihrem Wunsch nicht unmittelbar Folge, sondern richtete im Gebäude ein vorläufiges Grab ein. Am 2. Mai des Folgejahres wurde ihr Leichnam dann vor der Außenwand der Mauer bestattet. Als diese Mauer jedoch irgendwann instandgesetzt werden musste, wurde das Grab der Beginenvorsteherin ein weiteres Mal um einige Meter verlegt, sodass ihre sterblichen Überreste nun getreu ihrem Wunsch „in der Gosse" zwischen der anglikanischen Kirche und dem angrenzenden Rasenstück ruhen.

> Jedes Jahr am 2. Mai werden am Grab der so prinzipientreuen Cornelia Arents Blumen niedergelegt.

ABRAHAM

Spaziergang auf der Suche nach biblischen Fassadensteinen

Im Mittelalter zählte Amsterdam 20 Klöster, Ausdruck des ausgeprägten religiösen Eifers, der in der Stadt herrschte. Es überrascht daher kaum, dass an vielen Gebäuden der Stadt Fassadensteine mit biblischen Szenen zu finden sind. Der Beginenhof ist der ideale Ausgangspunkt für einen Spaziergang auf der Suche nach diesen Steinen, von denen indes viele beim Abriss der Gebäude, an denen sie sich ursprünglich befanden, entfernt und in neuere Fassaden eingesetzt wurden.

Betritt man den Beginenhof vom Spui aus, findet man auf der linken Seite eine Reihe schöner Steine, die 1961 hier eingesetzt wurden. Aus dem Alten Testament sind von oben nach unten und von links nach rechts folgende Geschichten dargestellt: *Der Traum des Jakob* (Gen 28,11–19), *Elia und die Raben* (1 Kön 17,4–6) von 1601, *Das Opfer Abrahams* (Gen 22,10–13) sowie *Die drei Freunde Daniels im Feuerofen* (Dan 3,25). Aus dem Neuen Testament finden sich ein *Erlöser Jesus* (*In de Salvaeter*), eine Allegorie des Glaubens (*Het Geloof*), die Flucht nach Ägypten (Mat 2,12–15) und die Geschichte der Jünger von Emmaus (Luk 24,15–35). Im Beginenhof 19 zeigt ein monochromer Fassadenstein ebenfalls die *Flucht nach Ägypten*.

Geht man weiter in Richtung Dam, entdeckt man *Moses, der das Meer teilt* (Niewezijds Voorburgwal 117), eine weitere *Flucht nach Ägypten* (Nieuwezijds Voorburgwal 29) und erneut *Elia und die Raben* (Dirk van Hasseltsteeg 51).

Ein Stück weiter, am Oudekerksplein (hinter der Oude Kerk), zeigt eine Kartusche aus dem Jahr 1571 die *Verkündigung des Herrn* (Luk 1, 26–38).

Der *Tanz um das Goldene Kalb* (Ex 32,19) findet sich an der Lange Niezel 25, die *Erzählung von Noahs Arche* an der Mauer des Oudezijds Kolk.

Weiter in Richtung der großen Kanäle zeigt ein Fassadenstein an der Langestraat 30 Hiob, begleitet von der Inschrift „*D.G.I.*" – „*De Geduldige Ijob*" („Der geduldige Hiob"). An der Binnen Brouwersstraat 22 ist der *Wunderbare Fischfang* dargestellt. Zu einem weiteren Halt lädt die schöne polychrome Darstellung von Noahs Arche an der Prinsengracht (Nr. 159–171) ein.

Weiter im nördlichen Teil des Viertels Jordaan ist in der Vinkenstraat 1 zunächst König David zu sehen und in der Binnen Dommersstraat 13–15 die *Wunderbare Brotvermehrung*.

DAS RELIEF AM TOR DES ALTEN SPINHUIS-GEFÄNGNISSES ⑲

Misshandelte Gefangene

Spinhuissteeg 1

Das Gefängnis wurde 1597 auf einem Gelände errichtet, wo bis 1578 noch das St.-Ursula-Kloster gestanden hatte. Die Inhaftierten – zumeist verarmte Frauen, Bettlerinnen oder Prostituierte – wurden hier gezwungen, Wolle zu spinnen und Näharbeiten auszuführen. Gegen einen geringen Eintritt konnte die Öffentlichkeit vor den Gittern der Strafanstalt Platz nehmen und den Gefangenen bei der Arbeit zusehen – um sie zu verhöhnen. 1645 wurde das Gebäude nach einem Brand wiederaufgebaut. Über dem Hendrick de Keyser zugeschriebenen Eingang in Richtung Spinhuissteeg zeigt ein Basrelief im Tympanon eine Frau, die, ihre Arbeit im Schoß, ausgepeitscht wird. Der die Szene begleitende Spruch stammt von dem berühmten Dichter des 17. Jahrhunderts, Pieter Corneliszoon Hooft, und sucht, Passanten zu beruhigen: „Fürchte dich nicht. Ich räche nicht Böses, sondern zwinge zum Guten. Hart ist meine Hand, aber liebreich mein Gemüt." Das Spinhuis beherbergt heute einen Teil der Königlich Niederländischen Akademie der Wissenschaften (KNAW).

Als Diebe mit dem Ohr an die Wand genagelt wurden und sich nur durch Abreißen desselben befreien konnten

Im 16. und 17. Jahrhundert galten harte Strafen für Bettler, Hochstapler, Diebe und Prostituierte. Straftäter wurden eine Viertelstunde lang in einen sich drehenden Käfig gesperrt, Prostituierte an den Pranger gestellt und Diebe mit einem Ohr an die Wand genagelt. Befreien konnten sich Letztere nur, indem sie sich das Ohr abrissen … Auch Auspeitschen, Brandmarken und das Abhacken einer Hand zählten seinerzeit zu den gängigen Strafen. Bettler und Landstreicher wurden für gewöhnlich aus der Stadt verbannt, wenn sie nicht am Galgen endeten, der auf der anderen Seite des IJ im heutigen Stadtteil Volewijck stand. In diesem Kontext verfasste der Theologe, Gelehrte und Künstler Dirck Volkertszoon Coornhert (1522–1590) im Jahr 1567 seine Schrift *Boeventucht* (*„Schurkenzucht"*, veröffentlicht 1587), in der er anregte, Gefangenen in den Zuchthäusern gemeinnützige Aufgaben zuzuweisen oder sie als Arbeiter beispielsweise beim Bau von Deichen oder Ausheben von Kanälen einzusetzen. Im Geiste dieser Publikation entstanden in Amsterdam zwei Einrichtungen: das Rasphuis für männliche Gefangene und das Spinhuis als Strafanstalt für Frauen.

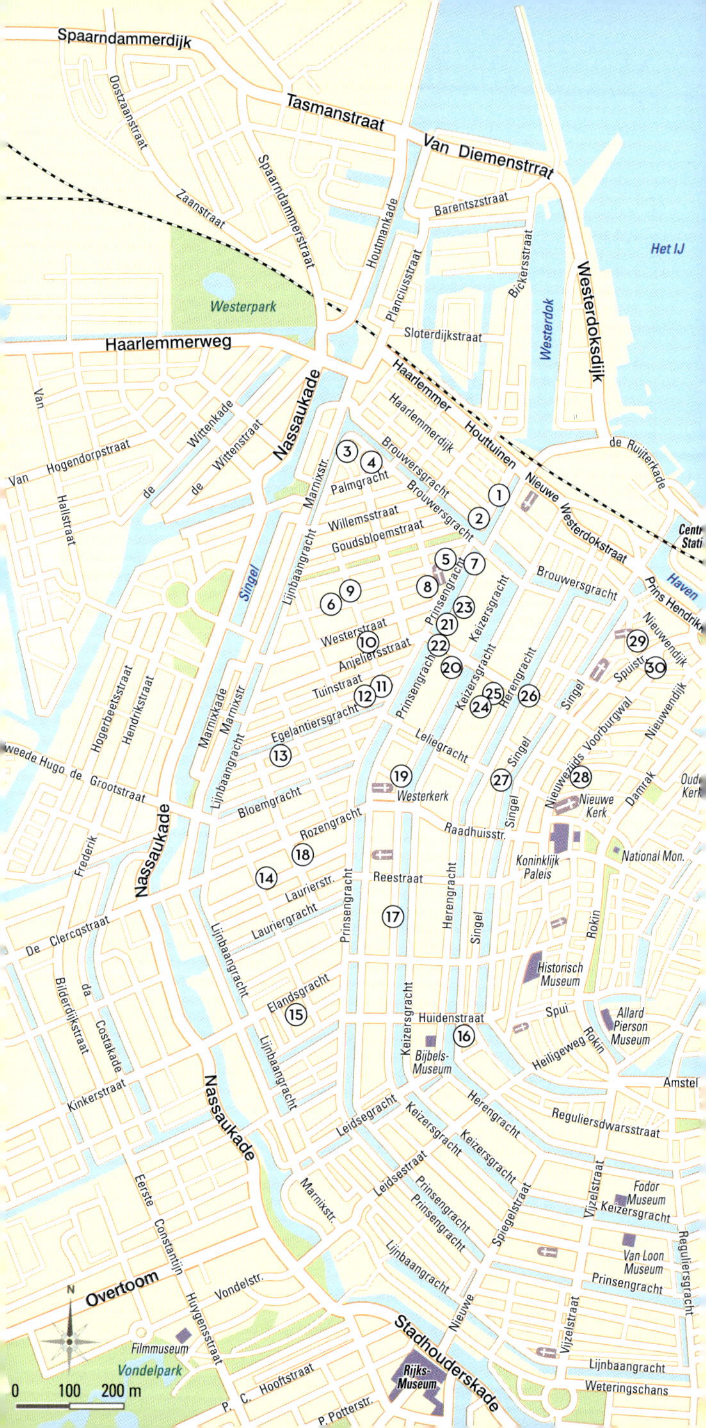

Spaarndammerdijk
Tasmanstraat
Van Diemenstrrat
Oostzaanstraat
Zaanstraat
Spaarndammerstraat
Houtmankade
Barentszstraat
Bickersstraat
Het IJ
Westerdoksdijk
Planciusstraat
Westerpark
Sloterdijkstraat
Westerdok
Haarlemmerweg
Nassaukade
Haarlemmer Houttuinen
Haarlemmerdijk
Van Hogendorpstraat
de Wittenkade
de Wittenstraat
Hallstraat
Marnixstr.
Brouwersgracht
Palmgracht
de Ruijterkade
Nieuwe Westerdokstraat
Willemsstraat
Goudsbloemstraat
Centr. Stati
Singel
Lijnbaangracht
Prinsengracht
Keizersgracht
Havens
Prins Hendrikk
Nieuwendijk
Westerstraat
Anjeliersstraat
Tuinstraat
Egelantiersgracht
Herengracht
Spuistr.
Hogerbeetsstraat
Hendrikstraat
Marnixkade
Leliegracht
Nieuwezijds Voorburgwal
Tweede Hugo de Grootstraat
Westerkerk
Nieuwe Kerk
Damrak
Oude Kerk
Bloemgracht
Rozengracht
Raadhuisstr.
Koninklijk Paleis
National Mon.
Frederik
Reestraat
Lauriestr.
Lauriergracht
De Clercqstraat
Rokin
Historisch Museum
Bilderdijkstraat
da Costakade
Elandsgracht
Spui
Huidenstraat
Allard Pierson Museum
Bijbels-Museum
Heiligeweg
Amstel
Kinkerstraat
Leidsegracht
Reguliersdwarsstraat
Leidsestraat
Spiegelstraat
Vijzelstraat
Fodor Museum
Eerste Constantijn Huygensstraat
Van Loon Museum
Reguliersgracht
Overtoom
Vondelstr.
Nieuwe
Stadhouderskade
Filmmuseum
Vondelpark
Rijks-Museum
P. C. Hooftstraat
P. Potterstr.
Lijnbaangracht
Weteringschans
0 100 200 m
N
1 2 3 4 5 6 7 8 9 10 11 12 13 14 15 16 17 18 19 20 21 22 23 24 25 26 27 28 29 30

Nordwestlicher Grachtengürtel, Jordaan

DIE PEGELMARKE VON VAN HUDDE

①

Amsterdams Kampf gegen das Wasser

Eenhoornsluis, Korte Prinsengracht

Johannes van Hudde, Bürgermeister von Amsterdam, war der Erste, der etwas gegen das Ungemach unternahm, was das Wasser den Bewohnern der Stadt zuweilen bereitete: Überschwemmungen und stinkende Kanäle. 1683 führte er den sogenannten *Normaal Amsterdams Peil* (NAP) ein (s. S. 120). Das bedeutete, dass er an den acht Hauptschleusen der Stadt Marmortafeln zur Überwachung des Wasserstandes anbringen ließ. Eine davon findet sich bis heute an der Eenhoornsluis („Einhornschleuse"), die die Korte Prinsengracht vom IJ trennt und mittels eines horizontalen Strichs das mittlere Hochwasser auf 2,676 Metern über dem Nullpunkt der Stadt markiert: *„Zee dyks hoogte, zynde negen voet vyf duym boven stadtspeyl"* („Die Seedeichhöhe ist neun Fuß und fünf Zoll über dem Stadt-Wasserspiegel"). Die Tafel aus weißem Marmor ist ungefähr 50 Zentimeter breit und befindet sich auf nordöstlicher Seite am Rand des schwarzen Schleusentors.

EHEMALIGES STOCKFISCH-LAGERHAUS

②

Weiterentwicklung der Fassadensteine

Brouwersgracht 162

Am Haus in der Brouwersgracht 162 sind über dem Eingang zwei über Kreuz angeordnete Fische zu sehen. Sie verweisen auf den einstigen Namen des Lagerhauses an der Ecke Korte Prinsengracht/ Brouwersgracht, De Twee Stokvissen („Die zwei Stockfische"): Ab dem 17. Jahrhundert wurde das Gebäude von Fischhändlern genutzt, die vor allem aus Norwegen importierten Stockfisch verkauften. Von 1821 bis 1971 hatte die Firma A. Smit & Zoon hier ihren Sitz und verkaufte ebenfalls Stockfisch und Lebertran. Solche Zierelemente, die in die Fenster über den Eingangstüren eingelassenen werden, gehen auf Anfang des 17. Jahrhunderts zurück. Zu Beginn des 18. Jahrhunderts erlebten sie ihren Höhepunkt. Aus dieser Zeit stammt auch der Standardgrundriss vieler Häuser: Hinter der Tür war ein heller Gang vorgesehen. Dafür wurden vermehrt Holz- oder Kunstschmiedearbeiten vor dem Fenster über dem Eingang angebracht, die Licht durchließen und die bis dahin üblichen Fassadensteine ersetzten.

BRENNEREI DE OOIEVAAR ③

Private Branntweinverkostung im Probierlokal

De Ooievaar, Driehoekstraat 10
020 626 77 52
Organisation von Verkostungen auf Anfrage

Die Brennerei De Ooievaar („Der Schwan“) ist eine Tochter der Firma van Wees aus Den Haag und wurde 1883 im Jordaan gegründet. Zu ihren Spezialitäten gehören Genever, Likör und Hochprozentiges. Auf Anfrage können hier Termine für Privatverkostungen gebucht werden. Die Niederländer waren die Ersten, die aus landwirtschaftlichen Erzeugnissen köstliche Getränke brannten. Im 17. Jahrhundert waren niederländische Destillate, Vorläufer von Cognac (s. S. 18), Cointreau, Gin oder auch Rum, weltweit beruhmt. Rund um diese Getränke entwickelte sich ein gewinnbringender Handel mit vielen Ländern rund um den Globus. Die Häuser, aus denen sie stammten, genossen dadurch großen Einfluss. Betritt man die Driehoekstraat von der Palmgracht aus, sieht man von der Straße aus die großen Kupferkessel der Brennerei. Noch heute wird hier Likör in allen denkbaren klassischen bis außergewöhnlichen Variationen hergestellt – und der nach wie vor in den Niederlanden sehr beliebte Genever. Rund 80.000 Liter Getränke werden in dem Gebäude noch gelagert.

Ein Stück weiter liegt an der Ecke zur Palmgracht ein *proeflokaal* („Probierlokal“), das Verkostungen aus einer Auswahl von 16 Genever-Sorten und rund 60 anderen Likören anbietet. Die etwas altmodisch anmutenden Produktnamen wie *Boerenjongens* („Bauernjungen“), *Boerenmeisjes* („Bauernmädchen“), *Vergeet mij niet* („Vergissmeinnicht“), *Volmaakt Geluk* („Absolutes Glück“) oder *Bruidstranen* („Brautttränen“) verbreiten mit jedem Schluck ein wenig rurale Nostalgie.

Der Produzent Van Wees führt in der Herengracht 319 ein eigenes *proeflokaal.*

Warum ein Storch als Firmenlogo?

Der niederländische Handel war schon immer international ausgerichtet. Für die Unternehmen erwies es sich daher als einfacher, ihre Marke mittels Zeichnungen als durch Texte bekannt zu machen, die in anderen Ländern schwer zu übersetzen waren. Die Wahl des ursprünglich aus Den Haag stammenden Unternehmens De Ooievaar fiel auf einen Storch, da sich dieser auch im Stadtwappen wiederfindet. Zwei Fassadensteine an der Driehoekstraat belegen, dass hier früher Genever gebrannt wurde: an Haus Nummer 10 sind ein Fass und ein Böttcherwerkzeug zu sehen, der Fassadenstein in Nummer 14 zeigt eine Brennerei.

BOSSCHEHOFJE UND RAEPHOFJE

4

Zwei Konfessionen unter einem Dach

Palmgracht 28
Privatgelände, unter der Woche meist geöffnet
Bitte ruhig verhalten

Der Bosschehofje (1648 von Arent Dirkz Bosch, einem reichen Kornhändler, für evangelisch-reformierte Frauen gegründet) und der benachbarte Raephofje bilden eine kleine Oase der Ruhe im Herzen von Amsterdam. Der eine evangelisch-reformiert, der andere mennonitisch, zeugen sie vom Miteinander der verschiedenen christlichen Konfessionen des Landes. Der Eingang zu den beiden aneinander angrenzenden Höfen erfolgt über das Tor an der Palmgracht. Besonders reizvoll erweist sich der Besuch, wenn man zunächst durch die rechte Tür den Raephofje betritt und von dort aus durch den Innenhof bis zum Eingang zum Bosschehofje geht.

Der große Innenhof war rund 300 Jahre lang durch eine Mauer und später eine Hainbuchenhecke zweigeteilt. Diese räumliche Entwicklung spiegelt sich auch in der religiösen wider: So kann man zwischen den protestantischen Konfessionen zumindest seit Kurzem eine Annäherung beobachten. Auf der anderen Seite des Innenhofes führt ein Weg zu dem an der Palmgracht gelegenen Teil des Bosschehofje.

Nach dem Krieg waren die kleinen Wohnungen ziemlich verwahrlost, sodass sie in den Jahren 1952/53 saniert werden mussten.

Heute leben hier noch vier Frauen in zwei Erdgeschoss- und zwei Etagenwohnungen. Die alten Sprossenfenster mit ihren über 110 einzelnen Feldern sehen aus wie seinerzeit im 18. Jahrhundert.

Werfen Sie beim Verlassen des Raephofje einen Blick auf den Fassadenstein über der Tür, der eine Steckrübe (nl. *raep*) sowie die Initialen und das Wappen von Pieter Adriaenszoon Raep zeigt, dem Stifter des Hofes.

Am Dam, neben dem *Hotel Krasnapolsky*, steht ein kleines Gebäude aus dem 17. Jahrhundert, das gut an seinem schönen Renaissance-Giebel erkennbar ist. Betrachtet man die Stelle oberhalb des Speicherfensters genauer, erkennt man eine in Stein gehauene Steckrübe, auf Niederländisch *raep*. Das Gebäude trug ursprünglich den Namen „'s-Hertogenbosch", benannt vermutlich nach der Herkunftsstadt des ersten Besitzers, von dem Pieter Adriaenszoon Raep es später kaufte. Die Miete, 200 Gulden pro Jahr, reichte aus, um die Unterhaltskosten des Raepenhofje zu decken.

Die Geschichte der hofjes

Die *hofjes* („Beginenhöfe") sind im eigentlichen Sinne kleine, von Häuserreihen umgebene und oft u-förmig angelegte Innenhöfe mit einem Garten und einem zentralen Eingangstor. Diese Anlagen, die irgendwo zwischen Kloster und Hospiz zu verorten sind, fanden ab dem 12. Jahrhundert in Nordeuropa zunehmend Verbreitung. Die Finanzierung erfolgte meist aus privaten Mitteln. Besonders viele Hofjes gibt es in den Niederlanden, insbesondere in Leiden, Haarlem und Amsterdam, wo sie im 17. und 18. Jahrhundert oft für Frauen entstanden, für die das Dasein als Witwe seinerzeit meist ein Leben in Armut bedeutete. Die Kirche spielte im gesellschaftlichen System der niederländischen Republik keine große Rolle; die Reichen kümmerten sich um die Armen. Mit dem Bau dieser Hofjes ließen sich zudem zwei Fliegen mit einer Klappe schlagen, da neben dem mildtätigen Zweck zugleich ihr Name nicht in Vergessenheit geriet. Noch stärker war die Motivation, wenn Paare kinderlos blieben oder sich nicht mit ihrem Schwiegersohn oder ihrer Schwiegertochter verstanden. Dann benannte die Familie einfach einen Cousin oder eine Cousine zum „Regenten", soll heißen zum Verwalter des Hofje. In Amsterdam sind viele dieser Regenten noch heute direkte Nachkommen der einstigen Mäzene, die grundsätzlich – sei es über eine Geldzuwendung zu Weihnachten, Torf zum Heizen zum Namenstag oder ein Stückchen Käse – auch für den Erhalt der Anlagen und das Wohlergehen der in ihr lebenden Menschen sorgten. Häufig kaufte auch die Glaubensgemeinschaft des Stifters einen *hofje*. Nach der *alteratie* von 1578 waren Katholiken und Anabaptisten (Täufer) toleriert, wenn sie ihren Glauben nicht nach außen hin sichtbar praktizierten. So entstanden innerhalb mancher Hofjes auch Kapellen. Um einen Platz in einem Hofje zu erhalten, mussten viele Regeln befolgt werden: Die Regenten setzten tadelloses Verhalten voraus, insbesondere regelmäßige Messbesuche und den Verzicht auf Alkohol, und verlangten von den Bewohnern, für sie zu beten. In den Beginenhöfen mussten die Beginen bei männlichen Besuchern über fünf Jahren die Türe offen stehen lassen, auch wenn es sich um einen Bruder handelte. Im Gegenzug erhielten sie im Allgemeinen eine kostenlose Unterkunft sowie finanzielle Unterstützung oder Naturalien, um ihren Lebensunterhalt zu bestreiten. Da die *hofjes* kein eigenes Einkommen erwirtschafteten, wurden die meisten Anlagen später von Religionsgemeinschaften übernommen. Noch heute werden sie von Regenten verwaltet, die sich für ihren Fortbestand einsetzen. In den vergangenen 25 Jahren konnten so viele Hofjes saniert und modernisiert werden. Die Eingangstore zu den Hofjes sind tagsüber geöffnet. Wer will, kann eintreten und die meist sehr schönen Anlagen bewundern.

WASSERVERSORGUNGSANSCHLUSS AM NOORDERMARKT

Standort einer vergessenen Zisterne

Noordermarkt

Kaum jemand schenkt beim Gang über den Noordermarkt dem grün gestrichenen Metallstutzen Beachtung. Kein Wunder, erinnert er bloß, vom Rost angefressen, ein wenig an einen Absperrpoller. In Wahrheit handelt es sich jedoch um einen Wasserversorgungsanschluss, der den Standort eines großen unterirdischen Wasserspeichers markiert.

Die Süßwasserversorgung von Amsterdam gestaltete sich lange schwierig: Das Trinkwasser aus der Vecht musste irgendwo gespeichert werden, um auch in der kalten Jahreszeit, wenn der Fluss zufror, in ausreichender Menge verfügbar zu sein. Die Regenwasserzisternen einiger Häuser reichten freilich nicht aus, um den Bedarf einer ganzen Stadt zu decken.

So beschloss der Stadtrat 1789, sogenannte *waterkelders* („Wasserkeller") einzurichten: große unterirdische Speicher. Sie waren unterteilt in mehrere, miteinander verbundene Kammern, die durch dicke Ziegelmauern abgedichtet wurden. Die Zugangsbrunnen wurden mit Steinplatten oder eisernen Entnahmestutzen verschlossen, so ließ sich das benötigte Wasser von oben entnehmen. Das zwischen 1790 und 1824 eingerichtete System umfasste stadtweit 33 Speicher, von denen einige bis zu 200 Kubikmeter Trinkwasser fassten. Die meisten dieser Zisternen waren an private Organisationen vermietet, die für die Süßwasserversorgung von Amsterdam als Verwalter zuständig und verpflichtet waren, diese jedes Jahr bis zum 1. November mit Wasser aus dem Fluss zu füllen. Zur Kontrolle der Wasserqualität beschäftigte die Stadt eigene Vorkoster.

Ab der zweiten Hälfte des 19. Jahrhunderts wurde das Speichersystem erfolgreich durch die Wasserleitungsdünen ersetzt und geriet in Vergessenheit. Nur durch Zufall traten im Rahmen von Fundamentarbeiten Spuren einiger dieser unterirdischen Anlagen wieder zutage. 1972 entdeckte man so unter dem Weesperplein zwei 100 bis 200 Kubikmeter große Speicher aus den Jahren 1794 und 1806. Weitere tauchten auf Höhe der Gebäude Nieuwe Keizersgracht 24 und 92 sowie am Hoogtekadijk 58 auf.

Das Gewächshaus im Botanischen Garten verfügt ebenfalls über eigene unterirdische Zisternen. Das Wasser dieser neun Speicher wird jedoch nur zur Bewässerung genutzt.

FASSADENSTEIN MIT SCHIFF, ZWEI MÄNNERN UND HUND ⑥

Geschichte des Amsterdamer Stadtsiegels

Karthuizerhof
Karthuizersstraat 21–131
Eingang bei Hausnummer 89

Der Hof des Karthuizerhof ziert ein schön gearbeiteter Stein, auf dem ein Schiff zu sehen ist. Der Legende nach gerieten um 1150 bei einem Sturm in der Zuiderzee zwei Männer mit einem Hund in Seenot. In seiner Not schwor einer der Männer, dass er, wenn sie gerettet würden, dort, wo sein Hund ihn hinführte, eine Stadt gründen würde. Sie überlebten und errichteten an der Mündung der Amstel einen *dam* („Damm"). Damit war der Grundstein für die Stadt Amsterdam gelegt.

Rund einhundert Jahre später (1275) verlieht Gwijde van Henegouwen (auch bekannt als Guido von Avesnes), späterer Bischof von Utrecht, Amsterdam den Status als Stadt. Für das Stadtsiegel fiel die Wahl auf ein mittelalterliches Schiff, das sich auch in den Wappen der Häfen von Harderwijk, Stavoren und Medemblik fand.

Auf dem Mast dieser Kogge ist ein Löwe, das Wappentier der Familie Henegouwen, zu erkennen als Symbol dafür, dass Amsterdam auf ihrem Grund entstand. Im Rumpf stehen zwei Männer: Einer von ihnen hält in seinen Händen eine Fahne mit dem Wappen von Amsterdam mit den drei Andreaskreuzen, der andere ein Schwert und einen Schild, auf dem das Wappen der Familie Henegouwen mit vier Löwen abgebildet ist. Zwischen den Männern blickt der Hund über die Reling.

IN DER UMGEBUNG

Fassadenstein „Nie wieder" (7)

Der Fassadenstein am Gebäude in der Prinsengracht 9 trägt die Aufschrift „*Nooit weer*" („Nie wieder"). Er stammt aus dem Jahr 1976 und ist ein Geschenk des Unternehmers, der das Haus renovieren ließ, an den Eigentümer, zur Erinnerung an die außerordentlich schwierigen Arbeiten.

Grenzen des alten Friedhofs der Nordkirche

Noordermarkt 48

Auf dem Boden vor der *Noorderkerk* („Nordkirche") ist eine Fläche markiert, auf der heute ein Kinderspielplatz liegt. In Wahrheit jedoch handelt es sich um die Grenzen des alten Kirchhofs.

> Friedhöfe sind aus der Amsterdamer Innenstadt vollständig verschwunden. Aufgrund von Platzmangel wurden alle Gräber samt Schmuck entfernt und die freigewordenen Flächen als öffentlicher Raum ausgewiesen. Eine Bebauung ist damit ausgeschlossen.

DER KARTHUIZERHOF

Der größte Hofje des Jordaan-Viertels

Karthuizersstraat 21–131
Eingang bei Hausnummer 89

Der heutige Karthuizerhof („Karthäuserhof") hat nichts mehr mit der einstigen Kartause gemeinsam. Das Kloster wurde 1394 außerhalb der mittelalterlichen Stadt gegründet, dort, wo heute die Goudsbloemstraat verläuft. Nach seiner Plünderung und Zerstörung 1572 wurde es aufgegeben und verfiel.

Beim Betreten dieses größten Amsterdamer *hofje* fällt der Blick auf die über dem Eingang angebrachten Familiennamen Keizerrijk, Boogert, Peereboom, Vijfvliegen und Opmeer. Die Hofjes wurden damals entweder voll von einer Familie finanziert oder von den *huiszittenmeesters,* einer durch Privatspenden getragenen städtischen Sozialeinrichtung. Der Bau des Karthuizerhofje wurde nach dem Verkauf einer Reihe von Häusern beschlossen, die der Einrichtung übereignet wurden. Den Spendern zu Ehren wurden ihre Namen am Gebäude verewigt.

Über den beiden Türen des *hofje* sind rechts die drei Andreaskreuze zu sehen (Amsterdamer Stadtwappen) zum Zeichen der städtischen Unterstützung sowie gegenüber ein Fassadenstein mit einem Schiff, zwei Männern und einem Hund (s. vorige Doppelseite). Der Gestaltungsauftrag ging an den Stadtarchitekten Daniel Stalpaert, und 1651 zogen 110 Frauen, zum Teil mit Kindern, in den Huiszittenweduwehof („Witwenhof") ein.

109
111

Der *hofje* war um zwei Gärten herum angelegt, die zum Waschen und Bleichen der Wäsche dienten. Es gab zwei große Pumpen, deren Kupferhähne die Form von Delfinen hatten. In den Ecken des *hofje* liegen die ehemaligen Toiletten, in den Niederlanden auch als *privaat* bezeichnet. Auf dem einstigen stillen Örtchen hatte man aber so wenig Platz, dass die Türen mit Mittelscharnieren versehen sind, um überhaupt eintreten zu können. Verlässt man den *hofje* wieder, sieht man auf der Straße Wäscheständer, die so alt sind wie das Gebäude selbst.

In den 1970er-Jahren wurden die sehr einfachen Wohnungen von ihren älteren Bewohnern aufgegeben. In der Folge lebten ganz unterschiedliche Menschen in ihnen.

Erst 1986 sanierte die öffentliche Wohnungsbaugesellschaft Woningbedrijf Amsterdam den *hofje*. Die Torfspeicher wurden umgebaut, sodass mehrere 2- oder 3-Zimmer-Wohnungen entstanden.

Gegenüber des Karthuizerhofs befindet sich heute dort, wo einst der Friedhof des Klosters lag, ein großer Spielplatz.

DAS DREHORGELMUSEUM VON G. PERLEE

⑩

Melodien von anno dazumal

Westerstraat 119
020 624 93 10
Besichtigung auf Anfrage

Verborgen in einer großen Lagerhalle des Jordaan-Viertels baut, wartet und restauriert die Familie von Gijs Perlee seit fünf Generationen Drehorgeln. Gegründet wurde das Familienunternehmen 1932 von Leon Warnies und Gijs Perlee. Die Nachfahren beider Familien arbeiten noch heute dort und komponieren von Zeit zu Zeit sogar selbst Stücke, die sie auf neue Lochkartons übertragen. Sie sind die einzigen, die diese Kunst in den Niederlanden heute noch beherrschen, und ihre Instrumente finden Abnehmer auf der ganzen Welt.

Anders als klassische Orgeln sind Drehorgeln Instrumente, die durch einen automatischen Mechanismus Musik erzeugen. Ursprünglich musste der Drehorgelspieler ähnlich wie bei einer Spieluhr eine Kurbel betätigen, um die Walze in Bewegung zu versetzen. 1892 kamen perforierte Lochkarten auf, die ziehharmonikaartig zusammengefaltet wurden und damit einfacher zu lagern waren. Sie ermöglichten zudem das Abspielen längerer Stücke. Ihren Höhepunkt erreichte die Drehorgelmusik in den 1920er-Jahren mit Komponisten wie dem Niederländer Piet Maas und dem Deutschen Carl Frei. Im Zuge der Wirtschaftskrise brach das Geschäft in den 1930er-Jahren ein und nach dem Krieg komponierte einzig Gijs Perlee jr. noch neue Drehorgelpartituren. Ursprünglich wurden die Drehorgeln in Italien erfunden, doch vor allem die Niederlande entwickelten eine lange Tradition rund um dieses Instrument. In den 1920er-Jahren waren in den Straßen von Amsterdam rund 30 davon unterwegs und animierten Passanten, zu ihren populären Melodien das Tanzbein zu schwingen. Auf der Vorderseite angebrachte Marionetten schlugen im Rhythmus der Musik Trommeln oder Zimbeln und brachten damit Kinderaugen zum Strahlen. Zum Dank erhielt der Organist ein paar Münzen, die meist sorgfältig in ein Stück Papier eingewickelt und aus dem Fenster auf die Straße geworfen wurden. Nach der Befreiung besiegelten das Aufkommen von Grammophon und Radio, mit denen die Menschen zu Hause Musik hören konnten, sowie der amerikanischen Jukebox das Schicksal der Drehorgel im öffentlichen Raum.

Heute können Drehorgeln samt Organist tageweise angemietet werden.

Unterschied zwischen Drehorgel und Pianola

Drehorgeln sind große Kästen mit Kurbel und einer schmalen Öffnung zum Einführen des Notenbands. Bei einem Pianola handelt es sich um ein echtes Klavier, das mittels eines eingelegten Lochstreifens automatisch die darauf abgebildete Melodie wiedergibt.

ANSLO / CLAES CLAESZOON HOFJE

11

Zwei Namen für zwei Epochen

Eerste Egelantiersdwarsstraat 1–5
Zugang über die Tür rechts des benachbarten Restaurants
Bitte ruhig verhalten

Der Anslo Hofje ist einer der ältesten Amsterdamer *hofjes*. Sein Bestehen sowie seine Erweiterung hat er einzelnen engagierten Personen zu verdanken, die sich für den Erhalt historischer Denkmäler einsetzen. Die Anlage bietet ein schönes Beispiel dieser kleinen Oasen der Ruhe, die im 17. Jahrhundert von wohlhabenden Bürgern gestiftet wurden und die Zeit überdauert haben. Die Tür rechts des Restaurants führt in den früheren Anslo Hofje. Über der Eingangstür ist ein Fassadenstein in die Wand eingelassen, darauf das Familienwappen sowie die Inschrift „Anslo's Hofje". Im Jahr 1615 beschlossen der Tuchmacher und Anabaptist Claes Claeszoon Anslo und seine Frau Geert Jans, einen *hofje* zu bauen. Dieser bestand aus drei hinter einem kleinen Garten stehenden Häusern, in denen Senioren kostenlos wohnen durften.

Rechts davon befindet sich, in Anlehnung an die in dem Viertel ansässigen Schwertmacher, der alte Zwaardvegershofje („Schwertfegerhof"). Der Eingang zu diesem Hofje lag aufseiten der Tuinstraat und ist heute nicht mehr vorhanden.

Der Gebäudekomplex dieser beiden Hofjes wurde später nach dem Verein, der sich Anfang der 1970er-Jahre ihrer Sanierung annahm, in Claes Claesz. umbenannt. Im Zuge der Arbeiten entstanden 60 Wohnungen für Schüler des Konservatoriums und später Studierende der Kunstakademie.

Im Anslo Hofje führen rechterhand zwei Türen zu den Toiletten. Dort findet man auch einen hübschen Brunnen mit Löwenkopf, über dem eine Tafel angebracht ist.

Während der Sanierung im Mai 1968 entdeckte der Architekt G. Prins alte Schrankbetten in den Zimmern. Er beschloss, sie zu erhalten, ließ sie jedoch in Anbetracht einer Länge von gerade einmal 1,60 Metern auf heutige Maße anpassen.

IN DER UMGEBUNG

Der Fassadenstein der „schreibenden Hand" (12)

In der Egelantiersstraat 52 befindet sich ein schöner Fassadenstein, der den Namen „Stein der schreibenden Hand" trägt. Er verweist auf den Schulmeister Hendrick Wient, der hier im 17. Jahrhundert lebte und auch als öffentlicher Schreiber tätig war.

SINT ANDRIESHOFJE

13

Nach dem Beginenhof der zweitälteste hofje *von Amsterdam*

Sint Andrieshofje – Egelantiersgracht 137–145
Privatgrundstück, Besichtigung während der Öffnungszeiten
Bitte ruhig verhalten

Man muss keine Gegensprechanlage bemühen, um diesen schönen Ort zu erkunden: Die Tür steht offen, und tritt man durch sie hindurch, gelangt man über einen mit feinen Fayencen dekorierten Gang direkt in den Hof.

Der Sint Andrieshofje geht auf den wohlhabenden katholischen und alleinstehenden Viehhändler Jeff Gerritsen zurück. 1614 erwarb sein Testamentsvollstrecker und Neffe Jan Jacobszoon Oly ein großes Grundstück an der Eglantiersgracht, um dort einen Hofje zu bauen. Die 1617 fertiggestellte Anlage zählt zu den ältesten ihrer Art in Amsterdam. Wie das Haus, in dem Jan Jacobszoon Oly lebte, wurde sie nach dem heiligen Andreas benannt. Seit 1699 wird der Sint Andrieshofje auf Wunsch der letzten Nachfahrin der Familie, Anna de Magistris, vom Beginenhof verwaltet, in dem diese ihren Lebensabend verbrachte und dem sie den *hofje* vermachte. In den dreihundert Jahren, die seitdem vergangen sind, hat der *hofje* sein Gesicht stark verändert. Der Eingang wurde Anfang des 20. Jahrhunderts saniert und mit schönen Fayencen verziert. In den 1970er-Jahren wurden im Zuge einer erneuten Renovierung aus 36 kleinen 22 größere, modernisierte Wohnungen, in die wie schon zuvor alleinstehende Frauen zwischen 30 und 70 Jahren einzogen.

Doch die Spuren der Zeit wurden nicht vollständig verwischt. So ist an der ungewöhnlichen Form der Türen auf der rechten Seite gut die über die Jahrhunderte zunehmende Neigung des Gebäudes zu erkennen.

Der Fassadenstein des Erlösers

Im Inneren des Sint Andrieshofje ist auf der linken Seite ein schöner Fassadenstein erhalten, der einst den Hofeingang markierte und Jesus als Erlöser zeigt. Da die Anlage nach der *alteratie* erbaut wurde, ist auf dem Fassadenstein nicht der heilige Andreas zu sehen – der Protestantismus kennt keine Heiligenverehrung. Nichtsdestoweniger entstand 1623 im Zentrum des Hofes eine Kapelle, in der die katholischen Frauen ihren Glauben im Geheimen leben konnten. Der Stein ist von einem der religiösen Stiche Karel van Manders aus einer 14 Arbeiten umfassenden Serie aus dem Jahr 1592 inspiriert. Mit seinem kunsttheoretischen *Schilder-Boeck* („*Maler-Buch*") aus dem Jahr 1604 erlangte er Berühmtheit. Ein weiterer schöner Fassadenstein mit einer ähnlichen Erlöser-Darstellung findet sich links des Holzhauses im Beginenhof.

FASSADENSTEIN DER WESTINDIEN-KOMPANIE

(14)

Erinnerung an eine Schlacht

Rozenstraat 144

Der Fassadenstein in der Rozenstraat 144 zeigt vier Schiffe, die Kurs auf einen Wehrturm nehmen, aus dessen Kanonen Rauchschwaden austreten. Die Legende zu der Szene – „BAYA D TODOS OS SANCTOS“ – bringt Licht ins Dunkel: Dargestellt ist die Schlacht, die sich die Flotte der WIC (s. rechts) im Juni 1624 unter Kommando von Admiral Jacob Willekens in der Allerheiligenbucht von Salvador de Bahia (Brasilien) mit den Portugiesen lieferte. In Amsterdam brachte der Verleger Claes Janszoon Visscher infolge der großen Popularität dieser siegreichen Schlacht eine illustrierte Erzählung heraus, die wiederum den Bildhauer zu seinem Fassadenstein inspirierte.

Die Niederländische Westindien-Kompanie (WIC)

Die Niederländische Westindien-Kompanie (WIC) wurde 1621 nach dem Vorbild der Niederländischen Ostindien-Kompanie (VOC, s. S. 20) gegründet und besaß das exklusive Monopol für den Handel mit dem Westen. Ihr Einflussbereich erstreckte sich von Westafrika bis nach Amerika und über den gesamten Pazifik sowie den östlichen Teil von Neuguinea. Die WIC praktizierte das Modell des Dreieckshandels: Ihre Schiffe steuerten zunächst die afrikanische Westküste an, um dort Waren gegen Sklaven einzutauschen. Diese wiederum wurden in Amerika gegen wertvolle Erzeugnisse wie Felle, Zucker, Tabak oder Gold eingetauscht, die so nach Europa gelangten. Auch die Piraterie gehörte zu ihrem Geschäft. Bis zum Westfälischen Frieden (1648), in dem die Vereinigten Provinzen und Spanien Frieden schlossen, wurden regelmäßig spanische Schiffe zum Ziel ihrer Angriffe.

Die Kompanie verfügte über sechs Kammern in Amsterdam, Middelburg, Hoorn, Rotterdam und Groningen, welche die Seefahrt gemeinsam finanzierten. Ihr Verwaltungsrat zählte 19 Mitglieder, die als die *Heeren XIX* („neunzehn Herren") bezeichnet wurden. Sie trafen sich ab 1657 täglich in einem zwischen Peperstraat und s'Gravenhekje an der Ecke Prins Hendrikkade gelegenen Lagerhaus aus dem Jahr 1641 (s. unten).

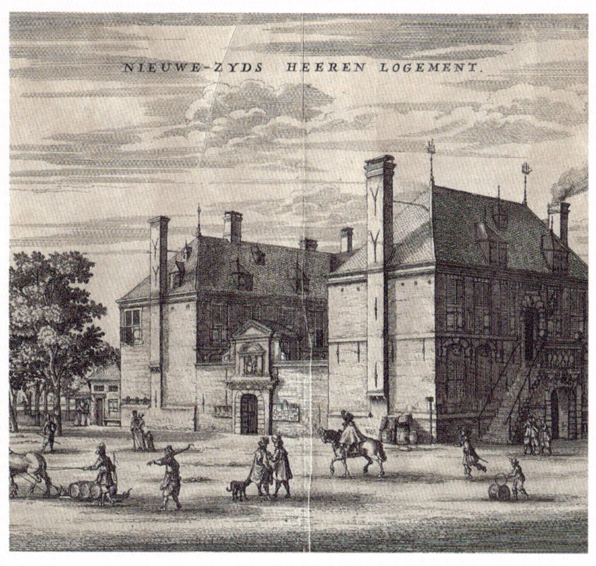

DIE FASSADENSTEINE DES EINBRECHERS

15

Wo hat Sjako seinen Schatz versteckt?

Elandsgracht 73

Am 15. Oktober 1999 wurden in der Elandsgracht 73 zur Erinnerung an Jacob Frederik Muller zwei Fassadensteine angebracht. Der deutschstämmige Schurke, Dieb und Einbrecher lebte im 18. Jahrhundert in Amsterdam und war unter den Namen „Sjako" oder „Jaco" bekannt.

1714 wurde Muller im Alter von 25 Jahren verhaftet und zu 25 Jahren Haft verurteilt. Da man vermutete, dass Fluchtgefahr bestand, verpasste man ihm eine hölzerne Halsgeige, in die seine linke Hand vor seiner Brust eingeklemmt wurde. Doch Muller entkam trotzdem und floh in die alten Lagerhallen der Elandsgracht, die fortan als „Sjako-Festung" bezeichnet wurden. Nach seiner erneuten Verhaftung wurde er 1718 auf dem Nieuwmarkt öffentlich enthauptet.

Der erste Fassadenstein zeigt die Festung, der zweite Sjako selbst. Die Zeichnungen sind an ein Gemälde angelehnt, das im Amsterdam Museum zu sehen ist, wenngleich nicht belegt ist, dass Sjako tatsächlich an diesem Ort lebte. Die Niederländer liebten Sjako, der wie Robin Hood von den Reichen nahm und den Armen gab.

Viele niederländische Autoren widmeten sich seither in ihren Texten der Legende – und der Frage: „Wo hat Sjako seinen Schatz versteckt?"

DAS HAUS VON GISÈLE

16

„Ein unglaubliches Versteck für die Opfer des Naziterrors"

Herengracht 401
Eingang aufseiten der Beulingstraat
020-6235287
mail@401.org
Führungen auf Anfrage

Ein unglaubliches Versteck für die Opfer des Naziterrors" („Ze bood onbaatzuchtig onderdak aan vervolgden van de naziterreur"). So lautet die Inschrift auf einer Kupfertafel an der Fassade des Hauses in der Herengracht 401. Denn im Zweiten Weltkrieg befand sich hier in einem Pianola tatsächlich ein originelles Versteck.

Kurz vor dem Krieg mietete die Künstlerin Gisèle van Waterschoot van der Gracht (1912–2013) eine kleine Wohnung im dritten Stock. Nach Kriegsausbruch nahm sie zunächst den deutschen Dichter Wolfgang Frommel (1902–1986) bei sich auf, später den 23-jährigen jüdischen Lehrer und Schriftsteller Friedrich W. Buri und den erst 17-jährigen deutschen Juden Claus Bock.

In einem großen Pianola versteckte die Künstlerin von den Nazis verfolgte Juden. Das Instrument spielt man wie ein Klavier, über eine pneumatische Steuerung lassen sich aber, ähnlich wie bei einer Drehorgel, auf Notenrollen gespeicherte Stücke wiedergeben. Dieser Mechanismus wurde entfernt und der nun frei gewordene Hohlraum wurde so zum Unterschlupf. Auch ihre Nachbarn, das Ehepaar Miep und Guido Theunissen, halfen dabei, die Verfolgten zu verstecken. Diese gründeten in ihrem Versteck die Kunst- und Literaturgruppe Castrum Peregrini („Pilgerburg").

Dass sie den Krieg überleben, haben sie im Wesentlichen Gisèle zu verdanken. Sie wurde 1998 in Yad Vashem in den Kreis der Gerechten unter den Völkern aufgenommen.

Anfang der 1950er-Jahre kaufte Gisèle das Gebäude und übergab es an die von ihr gegründete gleichnamige Stiftung. 1959 heiratete sie den ehemaligen Bürgermeister von Amsterdam Arnold d'Ailly (1902–1967) und lebte bis zu ihrem Tod in dem Gebäude, das heute über die Kunstgesellschaft Castrum Peregrini im Rahmen von Ausstellungen, Vorträgen und Diskussionsveranstaltungen besichtigt werden kann.

Der Rundgang gibt Einblick in die Geschichte des Hauses und schlägt eine Brücke zum heutigen Intellectual Playground, einer Art Denkfabrik für internationale Philosophen, Politologen und Schriftsteller.

DAS HAUS MIT DER GOLDENEN KETTE (17)

Eine kleine Kette voller Symbole

Keizersgracht 268

Wer in der Keizersgracht 268 zufällig den Blick hebt, dem fällt eine schmale, goldene Kette ins Auge, die an einer Metallstange vor der Fassade befestigt ist. Einer Erzählung nach soll der Hausherrin ihre goldene Kette abhandengekommen sein, woraufhin sie ihr Zimmermädchen des Diebstahls bezichtigte. Als sie die Kette wenig später wiederfand, wurde ihr gewahr, dass sie ihre Hausangestellte zu Unrecht beschuldigt hatte. Sie hängte die Kette vor das Haus, um das Mädchen für alle sichtbar zu rehabilitieren. Einer anderen Legende nach soll eine Bedienstete eines Abends, als sie allein zu Haus war, einen als alte Dame verkleideten Einbrecher demaskiert haben. Sein schlecht rasierter Bart hatte ihn verraten. Mutig schlug sie ihn nieder und tötete ihn. Zum Dank schenkte der Hausherr ihr eine goldene Kette. Doch die Bedienstete beschwerte sich über die, wie sie fand, zu dürftige Belohnung für ihre Tat, woraufhin der Hausherr sie entließ. Er hängte die Kette über dem Eingang auf, um allen zu zeigen, wie undankbar sein ehemaliges Dienstmädchen war.

Die dritte – und vermutlich wahre – Geschichte, ereignete sich im Jahr 1620. Der Eigentümer des Hauses, der Händler Eliseus Harrel, ließ seinen Besitz aus Aachen in die Stadt bringen. Nachdem der mit einer goldenen Kette verschlossene Konvoi ohne Zwischenfälle in Amsterdam angekommen war, hängte Harrel die Kette als Schmuck an die Fassade.

1999 stürzte das Haus bei Renovierungsarbeiten ein und wurde in der Folge Stein für Stein wiederaufgebaut. Die goldene Kette ziert nach wie vor die Fassade und hat ihr wahres Geheimnis bis heute nicht preisgegeben.

IN DER UMGEBUNG

Fassadenstein des Kupferschmieds (18)

Eerste Rozendwarsstraat 13

Dieser schöne Fassadenstein zeigt einen Kerzenleuchter mit auf zwei Ebenen angeordneten Haltern und darüber die Inschrift „*DE KERK KROON*“ („Die Kirchenkrone“). Der Stein befand sich ursprünglich am Haus des Kupferschmieds Jan Engeringh, der in seiner Werkstatt Kerzenleuchter für Kirchen fertigte. Das Haus stammt aus dem Jahr 1725, der Fassadenstein wurde im Jahr 2000 restauriert.

GEKRÖNTE STRAẞENLATERNEN ⑲

Als in den Straßen noch Gaslaternen brannten

Originale am Dam
Nachbildungen am Westermarkt, am Herenmarkt, in der Falckstraat und an der Prinsengracht auf Höhe der Leidsegracht

Am Dam stehen vor dem Paleis drei sehenswerte Straßenlaternen von 1883. Sie haben einen gusseisernen Pfahl und sind mit einer Nachbildung der Krone Maximilians von Österreich geschmückt. Sie stammen aus einer Zeit, als die Straßenlaternen in Amsterdam noch mit Gas betrieben wurden.

Vorreiter der öffentlichen Straßenbeleuchtung in den Niederlanden war Jan van der Heyden (1637–1712), der 1669 die ersten öffentlichen Laternen entwickelte: drei Meter hohe Eichenpfosten, auf denen Laternen aus Kupfer und Glas mit quadratischer Bodenfläche befestigt waren. Das Glas konnte auf einer Seite geöffnet werden, um die Vorrichtung zu befüllen (verbrannt wurde seinerzeit eine Mischung aus Rüb- und Leinöl), zu entzünden und zu reinigen. Die eigentliche Gasbeleuchtung wurde 1780 von Jan Pieter Minckelers entdeckt. Erst ab 1820 jedoch war eine sichere Nutzung des gefährlichen Brennstoffs möglich.

Ab 1917 schließlich wurden die Gaslaternen in den Straßen von Amsterdam nach und nach durch elektrische Leuchten ersetzt. Die „gekrönten" Laternen verschwanden mit der Zeit, bis auf drei Ausnahmen ...

Ihre elegante Form veranlasste die Stadtverwaltung jedoch in jüngerer Zeit, elektrische Kopien dieser Laternen anfertigen zu lassen. Seit 2008 wurden so rund um die großen Kanäle und die Amstel bereits 1750 Nachbildungen der „gekrönten" Laternen aufgestellt.

Entwicklung der Straßenbeleuchtung in Europa

Die Idee, die Straßen nachts zu beleuchten, geht auf den italienischen Abt Laudati de Caraffa zurück. Im Jahr 1662 erhielt er die Genehmigung, in Paris und allen Städten Frankreichs Fackelträger auf die Straßen zu schicken, die Passanten gegen Bezahlung auf ihrem Weg begleiteten. Die Maßnahme führte zu mehr Sicherheit auf den Straßen und weckte das Interesse von Ludwig XIV., der daraufhin ab 1667 zunächst in Paris, später in allen größeren Städten seines Königreiches, Ölleuchten aufstellen ließ. Diese wurden 1766 zunächst von Öl- und ab 1799 von Gaslaternen abgelöst. In Berlin hielt ab 1682 die Erfindung von Jan van der Heyden mit 1600 aufgestellten Straßenlaternen Einzug. In London mussten sich die Menschen länger gedulden. Der Aufbau einer öffentlichen Straßenbeleuchtung begann hier erst ab 1792 infolge der Entdeckungen des Schotten William Murdoch.

FASSADENSTEIN MIT ROTEM HUT

20

Eine frühere Geheimkirche der Remonstranten

De Rode Hoed – Keizersgracht 102
020 638 56 06
info@rodehoed.nl
rodehoed.nl

Das Gebäude in der Keizersgracht 104 ziert ein Fassadenstein mit rotem Hut, dessen ursprüngliche Bedeutung bis heute nicht eindeutig geklärt ist. So steht zwar zu vermuten, dass es sich um das Aushängeschild des Hutmachers Hans Janszoon Lenaertszoon handelte, der die Häuser 102 bis 104 für seine Werkstatt erbauen ließ, doch auch ein gewisser Claes Hermanszoon Roothoet (dessen Nachname „roter Hut" bedeutet) scheint in der 102 gelebt zu haben. Allem voran steht die Bezeichnung „Roter Hut" jedoch für die größte (und älteste) Geheimkirche der Niederlande, die von 1630 bis 1957 den Remonstranten (s. unten) vorbehalten war und 1990 in ein Kulturzentrum umgewandelt wurde. Das ursprüngliche Flair indes blieb im Großen und Ganzen erhalten und heute kann im großen Saal insbesondere eine Orgel des Amsterdamer Orgelbauers Pieter Flaes bewundert werden, die 1862 das ursprüngliche Instrument ersetzte. 1629 kauften der Weinhändler Antoni de Lange und der Arzt Jan van Hartoghvelt die Gebäude im Namen der Remonstranten, einer Kirche, der die Ausübung ihres Glaubens nur unter äußerster Geheimhaltung gestattet war, sodass im Jahr 1630 eine Geheimkapelle eingerichtet wurde.

Die Geschichte der Remonstranten

Die Remonstranten sind Anhänger der Lehre des niederländischen Theologen Jakob Hermanns (um 1560–1609), die sich vom Calvinismus durch eine abweichende Haltung in Fragen der Prädestination unterscheidet. Jakob Hermanns zeichnete seine Werke latinisiert als Jacobus Arminius. Seine Anhänger wurden als Arminianer bekannt. 1610 reichten sie bei der Ständeversammlung der Vereinigten Provinzen eine Remonstranz mit der Forderung nach mehr Toleranz ein, was zu einem Disput zwischen Remonstranten und Contraremonstranten führte. Ab 1618 wurden die Arminianer zunächst toleriert. Nach der Dordrechter Synode, auf der die Gegensätze verhandelt werden sollten, und einem Umschwenken im Jahr 1619 gingen die Remonstranten ins Exil, aus dem sie erst 1626 zurückkehrten.

DER ZONSHOFJE

21

Ein alter Hof der Mennoniten

Zonshofje
Prinsengracht 159
Privatgrundstück, Besichtigung während der Öffnungszeiten
Bitte ruhig verhalten

Hinter der Tür des Gebäudes in der Prinsengracht 159 führt ein langer Gang in den Zonshofje („Sonnenhof"), der sich heute als grüne Oase der Ruhe präsentiert.

In dem Hofje verborgen lag einst eine Geheimkirche, deren Geschichte gut die Historie der Täufer (Anabaptisten; evangelische Christen, die eine bewusste Taufe predigten und die Säuglingstaufe entsprechend ablehnten) in den Niederlanden veranschaulicht. Der Name Zonshofje geht auf die Mennonitenkirche De Klein Zon („Kleine Sonne") zurück, die 1650 hier stand.

Bei den Mennoniten handelt es sich um eine protestantische Bewegung um Menno Simons, die im 16. Jahrhundert in der Schweiz entstand und sich in der Folge auch in Norddeutschland und den Niederlanden ausbreitete. Nach der Alteratie tolerierte das reformierte Stadtwesen alle christlichen Konfessionen, sofern diese ihren Glauben nicht allzu offen praktizierten (s. S. 15).

Die Gemeinde der Mennoniten spaltete und vereinte sich in der Folge mehr als zweihundert Jahre lang immer wieder, wie das Beispiel des Zonshofje zeigt.

Nach der ersten Spaltung der Mennoniten 1663 versammelte sich eine der Gruppen in einer alten Brauerei am Singel. An der Gebäudefassade prangte eine Sonne (nl. *zon*), weshalb ihre Mitglieder als „Zonnisten" bezeichnet wurden. 1674 richtete sich infolge einer erneuten Abspaltung eine kleine Gruppe Gläubiger in dem Gebäude an der Prinsengracht ein. 1752 schloss sich ein friesischer Zweig der Täufer, die Arche Noah, den Zonnisten an (s. unten). Die Geheimkirche wurde 1755 abgerissen und durch ein Waisenhaus sowie einen *hofje* für ältere Frauen ersetzt.

IN DER UMGEBUNG

Darstellung der Arche Noah

Prinsengracht 163–165

In der Prinsengracht 163–165 ist über dem Türsturz eine bunt bemalte Steintafel zu sehen, auf der die Arche Noah dargestellt ist. Paarweise betreten die Tiere das Schiff unter den wohlwollenden Strahlen der Sonne. Die Abbildung verweist auf zwei Baptistengemeinden, die hier Mitte des 18. Jahrhunderts ihren Sitz hatten: die Zonnisten (nl. *zon* = „Sonne"; s. oben) und die Gemeinschaft D'Arke Noach. Über der Tafel steht folgender Text von Bernardus Bosch (1746–1803) zu lesen: „Die Liebe hat uns diese Bleibe erbaut, die Hoffnung bleibt unsere beständige Notwendigkeit, um auf den Seelen die Sonne zu sehen. Wer bedacht sich abwendet von der Zeit, begibt sich auf den Weg zur Arche des Heils. 1765."

VAN BRIENENHOFJE

Ein hofje, *um ein Gelübde zu erfüllen*

Van Brienenhofje
Prinsengracht 89–133
Eingang rechts von Hausnr. 133
Privatgrundstück, Besichtigung während der Öffnungszeiten
Bitte ruhig verhalten

Der Van Brienenhofje wurde 1804 von Baron van Brienen erbaut. Die Anlage überrascht sowohl mit ihrer erhabenen Architektur als auch mit ihrer Entstehungsgeschichte.

Eines Tages schloss sich der Baron versehentlich in seinem Tresorraum ein. Als er die Hoffnung aufgegeben hatte, noch gerettet zu werden, wandte er sich an Gott und flehte ihn an, ihm zu helfen. Für den Fall, dass er ihn erhörte, versprach er, einen *hofje* für benachteiligte katholische Paare zu bauen. So geschah es.

1797 kaufte der Baron die alte Brauerei De Star („der Stern“) und beauftragte Abraham van der Hart mit dem Bau eines *hofje*. Beim Blick von der Straße aus erkennt man den Stern, der über der Uhr der alten Kapelle glänzt. Auch die Umgebungsmauern der Brauerei sind noch zu erahnen.

Im Zuge umfassender Sanierungsarbeiten entdeckten Arbeiter 1997 im Keller Fässer mit Wasser aus der Vecht, das im 18. Jahrhundert zum Bierbrauen verwendet wurde.

Verborgen hinter der Fassade liegt ein schöner Garten. Hinter den Türen hinten rechts befanden sich einst die Toiletten, im Zentrum des Gartens sind zwei Pumpen zu sehen. Die eine (*pompwater*) pumpte Trinkwasser aus der Quelle, die andere Regenwasser (*regenwater*) für die Reinigung. Die Speicher über den Wohnungen wurden zum Lagern von Brenntorf und zum Trocknen der Wäsche genutzt.

Heute umfasst der Hofje 26 modern ausgestattete 70-Quadratmeter-Wohnungen mit Gas- (seit 1863), Wasser- (seit 1890) und Stromanschluss (seit 1917), eigenen Toiletten (seit den 1960er-Jahren) sowie Duschen (seit den 1970er-Jahren). Bis 1951 wurden die Wohnungen kostenfrei an bedürftige Paare vergeben.

Heute gehört die Anlage der Wohnungsgesellschaft Woningbouwvereniging Het Oosten, doch die Bewohner dieses kleinen Paradieses werden bis heute von den Verwaltern, unter ihnen Nachfahren des Barons, ausgewählt.

Willem van Brienen lebte in der Herengracht 176, aufgrund der Sonnenuhr an der Fassade auch bekannt als Haus Zonnewijzer. Sein Vater hatte dieses 1781 von dem deutschen Architekten L. F. Druck erbauen lassen. Da van Brienen katholisch war, seinerzeit eine Seltenheit, wurde auch der Van Brienenhofje katholisch.

DAS HAUS MIT DEN KÖPFEN

Antike Götter als Empfangskomitee für kluge Köpfe

Keizersgracht 123
1015 CJ
Führungen auf Anfrage unter 020-6258079

Das Haus mit den Köpfen in der Keizersgracht 123 wurde um 1620 im Auftrag des Strumpfhändlers Nicolaas Sohier von dem berühmten Architekten Hendrik de Keyser erbaut. Das schöne Gebäude mit seinem Staffelgiebel im seinerzeit angesagten Renaissancestil ist reich mit Gefäßen, Obelisken, Löwenmasken und dorischen Säulen verziert. Besonders interessant sind jedoch die sechs nebeneinander an der Fassade aufgereihten Köpfe.

Sie wurden einige Jahre später von dem neuen Eigentümer, Louis de Geer, ergänzt. Lange Zeit besagte die Legende, dass es sich dabei um die Köpfe von sechs Gaunern handelt, die in das Haus eingebrochen waren und von der Haushälterin mit einem Brotmesser enthauptet wurden. In Wahrheit sind hier jedoch sechs römische Götter dargestellt: Apollon (Gott der Kunst) mit Lorbeerkranz, Ceres (Göttin der Landwirtschaft) mit Ährengarbe, Bacchus (Gott des Weines und des Rausches) mit Reben und Diana (u.a. Göttin der Jagd und des Mondes) mit Mondsichel. Beiderseits des Eingangs stehen, Bewachern gleich, Merkur (Gott des Handels und Götterbote), erkennbar an seinem Flügelhelm, und Minerva (Göttin der Weisheit), ebenfalls gerüstet mit einem Helm. Sind die Gottheiten als Verweis auf das Geschick von Louis de Geer als Händler zu verstehen?

Das Tor auf der rechten Gebäudeseite führt in einen großen Garten. Von hier kann man den Blick auf die schlichter gestaltete Rückseite des Hauses lenken, die einen Doppelgiebel im Stil der Amsterdamer Renaissance aufweist.

Seit 2017 hat in dem Gebäude die Embassy of the Free Mind (s. nächste Doppelseite) ihren Sitz, früher bekannt unter dem Namen Bibliotheca Philosophica Hermetica. Die Präsenz der antiken Götter erhält so eine neue Bedeutung, scheinen sie doch dieser illustren Einrichtung mit all dem in ihr schlummernden Wissen ihren Schutz zu gewähren.

EMBASSY OF THE FREE MIND

25

Eine einzigartige Büchersammlung zu christlicher Hermetik

Keizersgracht 123 – 1015 CJ
embassyofthefreemind.com
Besichtigung auf Anfrage unter 020-6258079

Zu Beginn des 20. Jahrhunderts kam es zu einem Aufblühen von Privatbibliotheken. Die Vielzahl an Publikationen und die zunehmend bessere Organisation des Buchhandels eröffneten einer breiten Leserschaft ganz neue Möglichkeiten, sich mit wissenschaftlichen Materialien oder Literatur für den persönlichen Geschmack einzudecken.

Joost Ritman wurde 1941 geboren und gelangte mit dem Verkauf von Einweggeschirr aus Kunststoff für die Luftfahrt zu Reichtum. Doch Ritman war nicht nur Geschäftsmann, sondern hegte auch großes Interesse für spirituelle Dinge. Bereits in jungen Jahren begann er damit, antiquarische Bücher zu sammeln, nachdem seine Mutter ihm eine Kopie der *Aurora* von Jacob Böhme aus dem 17. Jahrhundert gezeigt hatte.

Seine Bibliothek ist auf der ganzen Welt bekannt. Sie umfasst 20.000 gedruckte Bücher und Manuskripte aus dem Bereich der christlichen Hermetik, über einhundert Manuskripte von vor 1550 sowie etwa 5000 Bücher, die vor 1800 gedruckt wurden. 1984 beschloss Joost Ritman, seine Sammlung öffentlich zu machen. Seinen Kunstschatz erweiterte er beständig, doch durch die hohen Kosten geriet er in finanzielle Schwierigkeiten. Trotz der Bewertung seiner Sammlung als nationales Kulturgut wurde ein Teil davon von der ING-Bank in London versteigert.

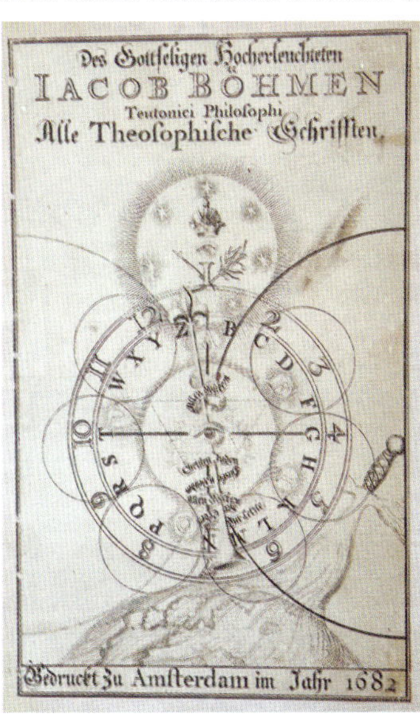

Daraufhin stieß Ritman sein Unternehmen ab und konnte die Werke so zurückkaufen. 2007 kaufte der niederländische Staat ein Drittel seiner Sammlung für 19 Millionen Euro. Für seine Verdienste um die Literatur wurde er vielfach geehrt, unter anderem 2022 mit der Silbermedaille der Königlich Niederländischen Akademie der Wissenschaften (KNAW).

Die Sammlung Joost Ritmans ist einer der Gründe für die Einrichtung eines Lehrstuhls für hermetische Philosophie an der Universität Amsterdam.

FASSADENSTEIN DER PAPIERMÜHLE

26

Eine Papierfabrik aus dem 17. Jahrhundert

Herengracht 105

Auf Höhe des Gebäudes Herengracht 105 fällt ein kunstvoller, vielfarbig gestalteter Fassadenstein ins Auge. Dargestellt ist darauf, in Form eines Gebäudequerschnitts, die Funktionsweise einer Papiermühle aus dem 17. Jahrhundert.

Nicht nur die feine Ausführung ist interessant, sondern auch die Präzision, mit der der Künstler die einzelnen Etappen der Hadernpapierherstellung zeigt.

Die von einem naturgetreu wiedergegebenen Holzgerüst getragene Fabrik erstreckte sich über zwei Ebenen. Arbeitsschritte, die im Trockenen ausgeführt werden mussten, waren im oberen Stockwerk untergebracht, andere, bei denen Wasser zum Einsatz kam, im unteren. Bei chronologischer Betrachtung sieht man zunächst, im ersten Stock in der Mitte, das Sortieren des Rohstoffs, bei dem eine Frau weiße und bunte Lumpen auf zwei separate Stöße sortiert.

Weiter geht es im Erdgeschoss: Rechts setzt ein Wasserrad einen Stampfmechanismus in Gang, in dem der durchtränkte Stoff zerfasert wird. Die losen Fasern werden anschließend mit Wasser vermischt (Erdgeschoss Mitte), bis ein Stoffbrei entsteht, der in kleinen Mengen auf ein rechteckiges Sieb verteilt und gerüttelt wird, um überschüssiges Wasser zu entfernen und die Fasern gleichmäßig zu verteilen. Das feuchte Papier wird daraufhin in eine Presse eingelegt, dargestellt im Erdgeschoss links. Hiernach folgt die Trocknung des Papiers in einem Raum, der durch einen mehrschichtigen Ziegelboden vor Feuchtigkeit geschützt ist (im ersten Stock rechts). Dieser Vorgang nahm wohl einige Zeit in Anspruch, der Abbildung nach zu urteilen jedenfalls genug, dass der zuständige Arbeiter sich ein Nickerchen genehmigen konnte. Abschließend werden die getrockneten Blätter von einer Frau (oben links) verpackt und zum Verkauf aufgestapelt.

Das polychrome Relief stammt aus dem Jahr 1649 und zierte die Fassade des Wohnhauses des reichen Papierhändlers Pieter Haack am Damrak 98. Als dessen Haus 1908 abgerissen wurde, wurde der kunstvolle Stein gerettet und später aufgearbeitet. 1992 schließlich gelangte er an seinen heutigen Standort. Dieser indes wurde seinerzeit nicht zufällig gewählt, denn in dem Gebäude befand sich eine Werbeagentur, die naturgemäß viel Papier benötigte.

ÜBERRESTE DES JAN ROODEPOORTSTOREN

(27)

Umrisse eines verschwundenen Uhrenturms

Oude Leliestraat, auf der Brücke über den Singel

Auf der Torensluis-Brücke („Turmschleusenbrücke“) ist das Straßenpflaster mit einigen helleren Steinen durchsetzt. Was es damit auf sich hat, ist schnell erklärt: Seit 2003 zeigt die Markierung den Standort eines heute verschwundenen Turmes an, des Jan Roodepoortstoren (s. unten). Im Jahr 1616 wurde besagter Turm errichtet (davor stand bereits an derselben Stelle ein Turm, der Teil der ersten mittelalterlichen Stadtbefestigung war). Mit seinen stolzen 55 Metern Höhe diente er den Menschen als Uhrenturm. 1829 war er jedoch so baufällig geworden, dass er abgerissen werden musste. Heute sind vom Turm nur noch die einstigen Kerkergewölbe übrig, deren vergitterte Fenster unter der Torensluis-Brücke noch gut zu erkennen sind.

Die Torensluis-Brücke ist mit 42 Metern die breiteste Brücke im Stadtzentrum und war einst eine wichtige Handelsverbindung. Das Wort *sluis* bedeutet „Ziegelstein“. Die Brücke verweist so in ihrem Namen auf das Material, aus dem sie einst wie erbaut worden war.

GAPER ODER DER „MAURISCHE GÄHNER“ (28)

Aushängeschilder für mittelalterliche Apotheken

Gravenstraat 20

Hier und da begegnen einem in den Straßen von Amsterdam seltsam anmutende bunte Köpfe, den Mund weit aufgerissen und mit herausgestreckter Zunge. So auch in der Gravenstraat 20. Diese im Niederländischen als *gapers* („Gähner") bezeichneten Figuren sollten Passanten nicht etwa zum Einschlafen bringen, sondern auf eine Apotheke hinweisen, den Mund zum Schlucken der verordneten Medizin weit geöffnet. Eine erstaunliche Tradition, die mindestens bis 1515 zurückreicht, in das Jahr, in dem ein Apotheker aus Brüssel an seinem Geschäft den ersten bekannten *gaper* anbrachte.

Interessant ist auch, dass viele *gaper* einen Turban tragen, vermutlich als Hinweis darauf, dass die meisten zur Herstellung der Arzneimittel verwendeten Kräuter und Pflanzen aus dem Orient stammten. Überdies genoss die orientalische Medizin bis ins 19. Jahrhundert (und vor allem im 17. Jh.) besonderes Ansehen. Berichten zufolge sollen einige skrupellose Apotheker auf den Märkten nicht selten wahre Schauspiele veranstaltet haben. Der als Maure verkleidete Komplize täuschte eine Krankheit vor. Der Scharlatan verabreichte diesem sodann ein Placebo, woraufhin der wie durch ein Wunder plötzlich „Geheilte" fröhlich davontänzelte.

In der zweiten Hälfte des 19. Jahrhunderts machte die Regierung die Arzneimittelverteilung zur Chefsache. Dadurch veränderte sich der Stil der *gaper*: Die orientalischen Figuren wichen Staatsdienern wie Polizisten, Feuerwehrmännern oder Soldaten – doch die herausgestreckte Zunge blieb.

Die meisten *gaper* waren aus bemaltem Holz gefertigt und außen an den Geschäften befestigt. Damit waren sie schutzlos der Witterung ausgesetzt, sodass nur wenige die Zeit überdauert haben. Nur noch rund fünfzig dieser Figuren sollen in den gesamten Niederlanden erhalten geblieben sein.

Weitere gaper *in Amsterdam*

Weitere schöne *gaper* sind in folgenden Straßen zu sehen: Herenstraat 7, Staalstraat 4, Tichelstraat 35, Binnen Bantammerstraat 13, Geldersekade 84 (Fassadenstein de *eeuwige gaper*), Kloveniersburgwal 82 (steinernes Hochrelief).

Das Nederlands Drogisterij Museum in Maarseen zeigt ebenfalls rund 150 *gaper*. Einige weitere „Gähner" sind im Zuidersee Museum in Enkhuizen zu sehen.

DER SCHWAN AUF DER KOEPELKERK

29

„... aus der Asche wird ein Schwan entstehen."

Kattengat 1
Unter Verwaltung des Hotel Renaissance Amsterdam
Besichtigung auf telefonische Anfrage unter 020 621 22 23

Hebt man am Haarlemmerdijk den Kopf nach oben, so fällt der Blick auf eine Kuppel, auf der ein metallener Schwan thront. Sie ist Teil der Runden Lutherischen Kirche (auch bekannt als *koepelkerk*, „Kuppelkirche“). Sie wurde in den Jahren 1668 bis 1671 für die vielen deutschen Lutheraner erbaut, die, angelockt durch den Wohlstand der Niederlande im 17. Jahrhundert, in die Stadt gekommen waren.

Um herauszufinden, was es mit dem Schwan auf sich hat, müssen wir in die Zeit des tschechischen Theologen Jan Hus (geb. zw. 1369 und 1373, gest. 1415) zurückgehen. Hus, der als Vorreiter des Protestantismus gilt, prangerte Missstände in der Kirche an und setzte sich für kirchliche Reformen ein. Mit seiner Kritik am Ablasshandel zog er den Zorn des Papstes auf sich. 1411 wurde er exkommuniziert, 1415 der Ketzerei angeklagt und auf dem Scheiterhaufen verbrannt. Vor seiner Hinrichtung soll Hus gesagt haben: „Heute bratet ihr eine Gans*, aber aus der Asche wird ein Schwan entstehen.“

Es sollten 102 Jahre vergehen, bevor die Hussitischen Ideen von Martin Luther (1483–1546) aufgegriffen wurden: In seinen berühmten 95 Thesen, die er 1517 an die Tür der Wittenberger Schlosskirche angeschlagen haben soll, verurteilte auch er den Ablasshandel und übte scharfe Kritik am hohen Klerus. Seine Anhänger sahen in Luther daraufhin den angekündigten Nachfolger von Jan Hus (der sich in seiner Vorsehung damit nur um zwei Jahre verschätzte). Er erhielt den Beinamen „der Schwan“, der in der Folge zum Symbol der Lutheraner wurde. Die Runde Kirche selbst geht auf den Architekten Adriaan Dortsman zurück, der diese klassisch-nüchtern mit dorischen Säulen und eckigen Fenstern gestaltete.

Da Glockentürme den reformierten Kirchen vorbehalten waren, versah er seinen Bau mit einer Kuppel mit kleinem Turmaufsatz (Laterne).

Die Kirche wurde mehrmals restauriert, insbesondere nach den Bränden von 1822 und 1993. Heute wird das Gebäude aufgrund seiner exzellenten Akustik häufig für Konzerte, meist auf der berühmten Orgel von Johann Bätz (1709–1770), genutzt.

* *Tschechisch* husa *bedeutet auf Deutsch „Gans“.*

HAUS AM SINGEL 7

Das kleinste Haus von Amsterdam

Singel 7

Das Haus an der Singel 7 hält einen in Amsterdam nur schwer zu brechenden Rekord: mit gerade einmal 1,01 Metern ist es kaum breiter als die Eingangstür und damit das schmalste Haus der Stadt. Die Fassade bildet dabei die Ecke eines größeren Gebäudes.

Weitere kleine Häuser in Amsterdam

- Singel 166: 1,84 Meter breit, zwei Stockwerke.
- Oude Hoogstraat 22: 2,02 Meter breit, rund 6 Meter tief. Das Gebäude liegt neben dem von dem Architekten Hendrick de Keyser im 17. Jahrhundert entworfenen Nordportal der Wallonischen Kirche (Waalse kerk), deren Hauptportal sich in Kanalnähe an einem vom Oudezijds Achterburgwal abzweigenden kleinen Platz (Walenpleintje) befindet. Einst wurden in dem Haus Fußwärmer an Kirchgänger verteilt.
- Haarlemmerstraat 43: de Groene Lantaarne. Mit seiner schmalen Fassade das kleinste Restaurant der Stadt. Nach hinten hin wird das Gebäude breiter.
- Stromarkt 7: früher eine kleine Drogerie, heute ein Büro. Der Zugang erfolgt über das Nachbargebäude.
- Gravenstraat, zwischen den Häusern mit der Nummer 17 und 19: Gesamtfläche: 3,5 Quadratmeter. Der kleinste Laden der Stadt, auch bekannt als Nest der Nieuwekerk, die direkt nebenan gelegenen ist.

- Molsteeg 5: hübscher Glockengiebel aus dem Jahr 1644. 4 Etagen.
- Prinsengracht 4: kleines, fünfstöckiges Haus.
- Korsjespoortsteeg 9: keine 2 Meter breit.
- Prinsengracht 58: hübsches sechsstöckiges Puppenhaus, 3 Meter breit und nur ebenfalls 3 Meter tief.

Warum sind manche Häuser nur so schmal?

Im *gouden eeuw* („Goldenen Zeitalter“) berechnete sich die Grundsteuer auf Basis der Fassadenbreite eines Gebäudes. Dies führte dazu, dass Häuser vermehrt in die Tiefe und in die Höhe gebaut wurden. Aufgrund der schmalen, steilen Treppen war es unmöglich, Möbel oder Waren nach oben zu befördern, weshalb der Haupt- bzw. Verladebalken mit einem Haken zur Befestigung einer Seilwinde versehen war. Auch heute, im Zeitalter von Hebebühnen und Lastenaufzügen, greifen niederländische Umzugsunternehmen und Händler nach wie vor lieber auf den schnelleren und praktischeren alten Mechanismus zurück.

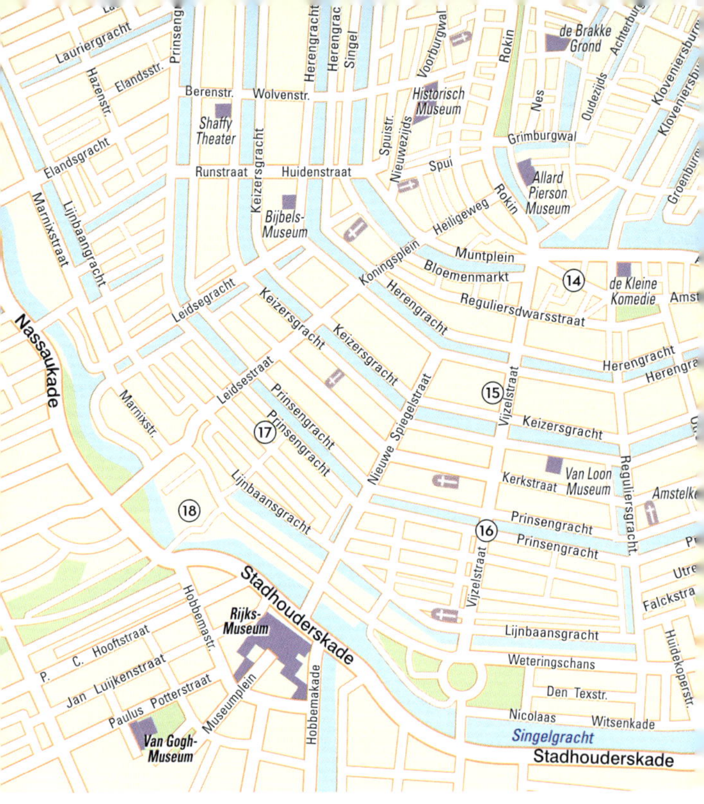

Südöstlicher Grachtengürtel, De Plantage, Jüdisches Viertel

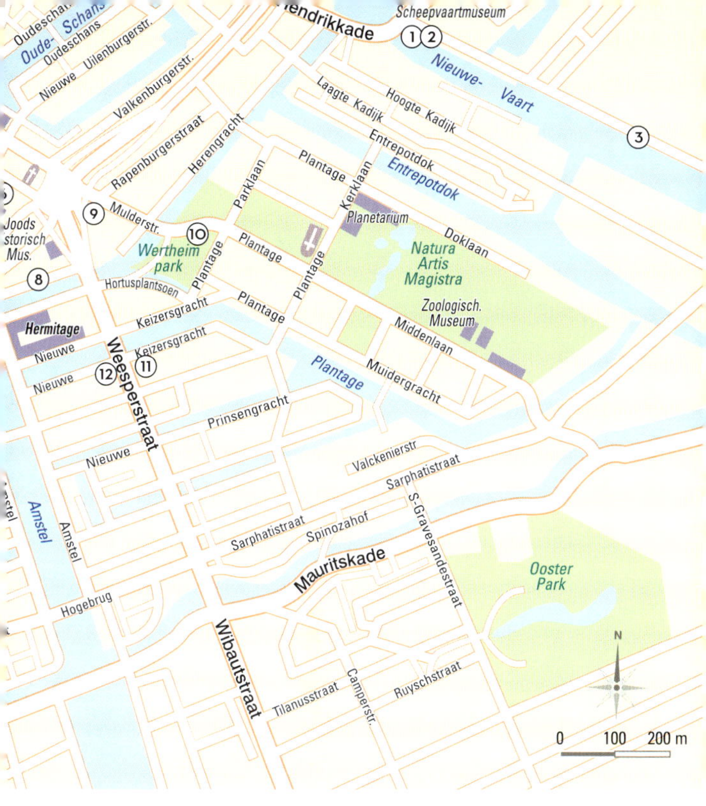

Oudeschans
Oude-
Schans
Oudeschans
Nieuwe
Uilenburgerstr.
Valkenburgerstr.
Rapenburgerstraat
Herengracht
Hendrikkade
Scheepvaartmuseum
1
2
Nieuwe-
Vaart
Laagte Kadijk
Hoogte Kadijk
3
Entrepotdok
Entrepotdok
Plantage
Kerklaan
Parklaan
Planetarium
9
Mulderstr.
10
Joods
storisch
Mus.
Wertheim
park
Plantage
Plantage
Doklaan
Natura
Artis
Magistra
8
Hortusplantsoen
Plantage
Plantage
Keizersgracht
Zoologisch.
Museum
Middenlaan
Hermitage
Nieuwe
Keizersgracht
11
12
Nieuwe
Weesperstraat
Plantage
Muidergracht
Prinsengracht
Nieuwe
Valckenierstr
Sarphatistraat
Amstel
Amstel
Sarphatistraat
Spinozahof
S-Gravesandestraat
Mauritskade
Ooster
Park
Hogebrug
Wibautstraat
Tilanusstraat
Camperstr.
Ruyschstraat
N
0
100
200 m

DIE FALSCHEN FASSADEN AM KATTENBURGERPLEIN

①

Türen, die sich nicht öffnen lassen

Kattenburgerplein

Auf dem malerischen Kattenburgerplein scheint die Zeit seit dem 17. Jahrhundert stehen geblieben zu sein. Doch der Schein trügt: Der Platz wurde wurde in den 1970er-Jahren umgestaltet.

Zwischen 1653 und 1658 entstanden im IJ die Inseln Kattenburg, Wittenburg und Oostenburg als Verteidigungsbollwerke in einem möglichen Konflikt, wie es sie in der Vergangenheit bereits mit Spanien, England und Frankreich gegeben hatte.

Im Laufe der Jahre jedoch trat angesichts der durch die Werften zunehmenden wirtschaftlichen Aktivität der ursprüngliche militärische Zweck immer mehr in den Hintergrund. Zur Unterbringung der vielen

Werftarbeiter entstanden neue Häuser, von denen nur einige wenige erhalten blieben. 1968 beschloss der Architekt Pieter Pals, einigen davon ein zweites Leben zu schenken, und errichtete mit dem, was von ihnen übrig war, am Kattenburgerplein ein neues Studentenwohnheim. Was erst bei genauerem Hinsehen ersichtlich wird: Die schönen Fassaden sind Fake – jede zweite Tür lässt sich gar nicht öffnen.

Ebenfalls sehenswert ist der schöne Fassadenstein „de Groenne Ovent" („der grüne Ofen"), auf dem ein Bäcker dargestellt ist, der Brot in einen grünen Ofen schiebt.

IN DER UMGEBUNG

Fassadenstein eines mit Nägeln gefüllten Korbs ②

Kattenburgergracht 9

Die Häuser in der Kattenburgergracht 7–17 sind die einzigen, die aus den Anfängen der Insel Kattenburg noch vorhanden sind. Sie stammen aus der zweiten Hälfte des 17. Jahrhunderts. An der Nr. 9 ist ein schöner Fassadenstein zu sehen, der einen mit Nägeln gefüllten Korb zeigt: Hier lebte einst der Eisenwarenhändler Willem Claeszoon. Weiter oben an der Fassade ist das Baujahr vermerkt. Die Häuser Nr. 11, 13 und 15 wurden ebenfalls 1663 erbaut. Ein weiterer Fassadenstein zeigt hier eine Seilrolle und verweist auf die frühere Werkstatt eines auf dieses Schiffszubehör spezialisierten Tischlers.

Statue zweier Männer beim Seildrehen ③

Oostenburgergracht 37

An der Kreuzung Oostenburgergracht/Oosteenburgervorstraat steht eine Bronzestatue, die zwei junge Männer in seltsam anmutender Pose zeigt. Der Künstler hat die Figuren beim Drehen eines Seils dargestellt, einem Gewerbe, dem viele Menschen in diesem Viertel im 17. Jahrhundert nachgingen.

DAS AMSTERDAMER LEPRA-TOR

4

Umzug einer Tür

Sint Antoniesluis 24

Das Lepra-Tor ist in ein modernes Gebäude integriert und zeugt als wundersamer Anachronismus von vergangenen Zeiten. Das Tor markierte einst den Eingang zum Lazarushuis, einem Leprosorium aus dem 15. Jahrhundert, das damals noch außerhalb der Stadt auf dem Deich nach Muiden stand, dort, wo heute der Platz Mr. Visserplein liegt.

Das steinerne Tor selbst entstand im Zuge der Sanierung des Leprahauses um 1609. Die große Ähnlichkeit mit dem Tor der Zuiderkerk lässt vermuten, dass es wie dieses aus der Werkstatt von Hendrick de Keyser und möglicherweise ebenfalls aus der Hand des Bildhauers Nicholas Stone stammt. Leprakranke trugen seinerzeit eine Klapper bei sich, um Herannahende zu warnen und vor Ansteckung zu schützen.

In den 1860er-Jahren wurde das Lazarushuis für den Bau eines Kommissariats abgerissen. Ein Jahrhundert später musste im Zuge der Arbeiten für einen Tunnel unter dem IJ auch das Tor weichen. Der Pinto-Stiftung ist es zu verdanken, dass das Tor nur ein paar Hundert Meter von seinem einstigen Standort originalgetreu wieder aufgebaut und in die Rückseite des Hauses integriert wurde.

Die Hautreliefs im Tympanonfeld zeigen eine Frau und einen Mann, die an Lepra erkrankt sind. Er hält eine Klapper in der Hand. Die Skulpturen wurden erst um 1975 von Henri van Haaren aus den stark beschädigten Resten der ursprünglichen Figuren gearbeitet. Hinter dem Tor liegt ein hübscher kleiner Innenhof, der links den Blick auf ein Backsteinhaus sowie, an dieses angrenzend, auf ein weiteres kleines Gebäude, das Pintohuis (s. folgende Doppelseite) freigibt.

DIE DECKENGEMÄLDE IM HUIS DE PINTO

⑤

Ein kaum bekanntes Juwel

Pinto Huis, Sint Antoniesbreestraat 69
Montag, Mittwoch und Freitag 10–17.30 Uhr und Samstag 11–16 Uhr

Der Name des Hauses geht auf die wohlhabende Familie Pinto zurück. Das imposante klassizistische Gebäude beherbergt heute eine öffentliche Bibliothek mit wunderschön gestalteten Decken.

Anfang des 17. Jahrhunderts emigrierten die Pintos auf der Flucht vor Inquisition und Judenverfolgung aus Portugal in die Niederlande. Sie ließen sich als Bankiers zunächst in Antwerpen, später in Rotterdam und schließlich in Amsterdam nieder. Nach und nach häuften sie ein beträchtliches Vermögen an. Im Volksmund entstand die Redewendung „reich wie ein Pinto sein". Aufgrund ihrer Freundschaft mit dem Statthalter Wilhelm IV. von Oranien finanzierten sie 1748 den Krieg gegen Frankreich.

1651 kaufte Isaac de Pinto das Gebäude in der Sint Antoniesbreestraat 69. Da dieses nicht wie die meisten Häuser reicher Persönlichkeiten jener Zeit an einem Kanal lag, war es ungewöhnlich breit. Sein Sohn David Emmanuel ließ das Haus in den 1680er-Jahren vollständig wiederaufbauen, in einem imposanten klassischen Stil mit den charakteristischen Schornsteinen und einer eindrucksvollen Bruchsteinfassade des Architekten Elias Bouman. Das grüne schmiedeeiserne Gitter soll früher silbern gewesen sein.

Das Haus blieb bis ins 19. Jahrhundert in Familienbesitz, bevor es dem Verfall überlassen wurde. Als es Anfang der 1970er-Jahre vom Abriss bedroht war, kaufte es die Stadt. Einige Jahre und viele Debatten um den Bau von Schnellstraßen und U-Bahn-Linien später wurde das Haus 1975 schließlich grundsaniert.

Heute beherbergt das Pintohuis eine öffentliche Bibliothek und steht dadurch allen offen, die die schönen alten Kassettendecken bewundern möchten. Bemerkenswert sind insbesondere die Cherubim, Vögel und floralen Dekors von Jacob de Wit, einem bedeutenden Künstler des 17. Jahrhunderts.

Ende des 20. Jahrhunderts wurden die Malereien restauriert. Da einige jedoch nicht mehr zu erkennen waren, wurden neue entworfen, die der Maler Theo Kurpershoek ausführte. Sie sind leicht an den mit einem Augenzwinkern eingefügten Hinweisen auf das Leben der damaligen Zeit zu erkennen: Häuserbaustellen, Fahrradfahrer, eine Glasflasche … Ein kleiner lesender Engel spielt auf die aktuelle Nutzung des Gebäudes an.

Das Deckendekor im Gang mit Himmel und Vögeln ist ein anhand von Fotografien angefertigtes Replikat; die Originaltafel wurde in der Zeit, in der das Gebäude leer stand, gestohlen. In einem der hinteren Räume finden sich zwischen den Deckenbalken sieben Gemälde von Nicolaas Wijnberg. Das mittlere zeigt vier Monde und damit einen Teil des Wappens der Familie Pinto. Die florale Gestaltung der Balken ist im Original erhalten.

AMSTERDAMER PEGEL

⑥

Der Beweis, dass Amsterdam unter dem Meeresspiegel liegt

Zugang über den Osteingang des Rathauses (Stadhuis)
Amstel 1

Eine große Wandtafel sowie mehrere Säulen zur Messung des Wasserstands in der Nähe des Eingangs zur U-Bahn-Station Waterlooplein verdeutlichen, wie sehr Amsterdam mit dem Meer kämpft. Amsterdam liegt, wie der gesamte westliche Teil der Niederlande, unterhalb des Meeresspiegels, geschützt nur durch Deiche und Dünen. Kaum verwunderlich also, dass der Wasserstand hier so exakt überwacht wird. Seine Höhe wird in Bezug auf einen Referenzwert berechnet, den „Amsterdamer Pegel“ (Normaal Amsterdams Peil bzw. NAP). Dieses Niveau wurde 1683 von Johannes van Hudde (s. S. 60), Magistrat von Amsterdam, anhand von mittleren Pegelständen des Flusses IJ im 17. Jahrhundert festgelegt und nahezu in ganz Europa als Nullpunkt übernommen (s. dazu den Reiseführer *Verborgenes Marseille* im selben Verlag).

Betritt man die Passage, sieht man sich drei großen gläsernen Pegelsäulen gegenüber: Die erste zeigt den Wasserstand der Nordsee bei IJmuiden, die zweite den Wasserstand der Westerschelde bei Vlissingen (Zeeland). Bei Flut steht das Hochwasser bereits bis zu den Knien! Die dritte Säule ist mit einem Pegel von knapp fünf Metern über dem Kopf am beängstigendsten: Sie zeigt den Wasserstand während der Hochwasserkatastrophe von 1953. Die Pegelstände in den Säulen werden über eine Telefonverbindung zu den Wetterstationen der genannten Orte automatisch aktualisiert.

Der NAP ist im Untergeschoss am oberen Ende einer weißen Säule mittels eines Bronzebolzens abgebildet. Von Helsinki bis Rom dient dieser Bolzen als Referenz für den Bau von Straßen oder Unterwassergrabungen. Eine Steintafel an der Wand zeigt in einem Querschnitt die verschiedenen zentralen Orte des Landes. Die Darstellung verdeutlicht gut die außergewöhnliche Geologie des Stadtgebiets: Amsterdam wurde auf Holzpfeilern erbaut, die auf der ersten Sandschicht rund zwölf Meter unter dem Straßenniveau ruhen. Heute kann durch den Einsatz von Betonfundamenten die zweite Sandschicht erreicht werden, was die Stabilität erhöht und den Bau größerer Gebäude ermöglicht.

Die 1966 gebaute Metrolinie 51 stützt sich auf die erste Sandschicht, während die neue Linie in 24 Metern Tiefe auf dieser zweiten Schicht aufliegt, was die hohen Kosten dieses komplexen Bauvorhabens erklärt. Die Darstellung zeigt das Meer bei Flut. Der Pegel in den Kanälen ist auf eine Höhe von 40 Zentimetern über NAP angepasst.

MAHNMAL FÜR JÜDISCHE KINDER ⑦

„Möge ihr Andenken gesegnet sein"

Amstel 23

Aufgrund des nahezu täglich abgehaltenen Flohmarkts an der Amstel übersehen selbst Einheimische oft das von helleren Steinen umgrenzte Rechteck auf dem Bodenpflaster. Es handelt sich dabei um die Umrisse eines früheren Waisenhauses für jüdische Jungen, dessen Bewohner im Zweiten Weltkrieg ausnahmslos von den Nazis deportiert wurden.

Eine lange, in die Steine eingelassene Inschrift erinnert an das grausame Schicksal der Kinder: „Diese Worte umgrenzen den Ort, an dem einst das jüdische Waisenhaus Megádle Jethomim („Erzieher der Waisen", falsch geschrieben als *Jethomien*) stand, gegründet 1738 in Amsterdam und an diesem Ort befindlich von 1865 bis März 1943, als die deutschen Besatzer das Gebäude besetzten und die Kinder deportierten. Drei Erwachsene begleiteten die rund einhundert Kinder aus freien Stücken in das Konzentrationslager Sobibor. Keiner von ihnen kehrte wieder. Möge ihr Andenken gesegnet sein."

Seit seiner Gründung 1738 durch die aschkenasischen Juden war zunächst der Verwaltungsrat des Megádle Jethomim für die Unterbringung der Waisen in Familien zuständig. Durch die wachsende Anzahl von Waisenkindern gestaltete sich diese Aufgabe jedoch zunehmend schwierig, sodass im 19. Jahrhundert mit dem Bau von Waisenhäusern begonnen wurde: Das erste wurde 1836 eröffnet, ein zweites folgte im Jahr 1865. Nach den Deportationen des Zweiten Weltkriegs wurde das erste Waisenhaus noch einige Zeit als Ausgangspunkt für Auswanderer nach Israel genutzt. Später wurde das Gebäude verkauft und 1977 schließlich abgerissen.

Die Entscheidung, das Judenviertel nicht wieder aufzubauen, fiel nach dem Krieg. 1955 wurde beschlossen, das Denkmal am Standort des Rathauses zu errichten. Den internationalen Wettbewerb für die Umsetzung des Denkmals gewann 1967 der Wiener Architekt Wilhelm Holzbauer.

Die Rolle junger Waisen in der jüdischen Gemeinschaft

In der jüdischen Gemeinschaft spielten junge Waisen gewissermaßen die Rolle von Ersatzkindern. Starb ein Vater, mussten seine Söhne mehrere Monate lang das *kaddisch* (das klassische Gebet der jüdischen Liturgie) beten. Hatte der Verstorbene jedoch keine männlichen Nachkommen beziehungsweise war es diesen nicht möglich, ihrer rituellen Pflicht Genüge zu tun, so konnte diese an einen Waisen übertragen werden.

COVERSHOF

„Ihre Namen werden unsterblich sein"

Nieuwe Herengracht 4–18
Innenhof für gewöhnlich nicht öffentlich zugänglich
Geöffnet im Rahmen der Open Monuments Dagen am 2. Wochenende im September sowie mit etwas Glück auf freundliche Anfrage am Eingang

Der 1722 von dem Architekten Steven Vennecool erbaute und jüngst renovierte Corvershof, liturgisches Zentrum der Amsterdamer Protestanten, weist an der Fassade einige interessante Besonderheiten auf.

Im Giebeldreieck findet sich eine Reproduktion des ursprünglichen Entwurfs, dazu, im Schnabel eines Adlers, eine allegorische Darstellung der Wohltätigkeit. Darunter sind, unter dem Schutz einer Krone, vor blauem Hintergrund drei Körbe (*corven*) und vor rotem Hintergrund drei Sandalen (*trippen*) zu sehen: die Wappen der Stifter, Joan Corver (1688–1719) und seiner Gattin Sara Maria Trip (1693–1721).

Über der Eingangstür stehen folgende Verse von Mattheus Brouërius van Nidek auf Holländisch: „Verdient die Barmherzigkeit Dank und die Sorge für die Armen Lohn, so gehen die Namen Corver und Trip wie Honig über jede Zunge. Durch ihr Geschenk und ihren Willen wurde dieses Haus Gottes erbaut, das Gebäude trägt ihre Wappen, ihre Namen werden unsterblich sein.“ Die Ehre, die hier den Namen Corver und Trip zuteil wird, ist auf den Umstand zurückzuführen, dass der Corvershof ursprünglich eine der reformierten Diakonie (einer protestantischen Hilfseinrichtung für Arme und Kranke) angegliederte Stiftung zur Unterbringung älterer, kinderloser Paare beherbergte. Alleinstehende Frauen und Männer fanden hingegen im Amstelhof ein Zuhause.

BIBLIOTHEK ETS HAIM

Die älteste hebräische Bibliothek der Welt

Mr. Visserplein 3
020 531 03 98
Besichtigung nach Vereinbarung

Die Bibliothek Ets Haim (hebr. „Baum des Lebens") ist die älteste noch aktive jüdische Bibliothek der Welt. Ihre Bestände umfassen heute 30.000 Bände und 500 Manuskripte von 1484 bis heute, meist auf Hebräisch, die insbesondere für das Verständnis der Geschichte des jüdischen Volkes im 17. und 18. Jahrhundert hilfreich sind.

Gegründet wurde die Bibliothek 1616 innerhalb des Seminars der jüdischen Hochschule (Jeschiwa) Academia y Yesiba Ets Haim, deren Ziel es war, emigrierten sephardischen Juden eine säkulare und religiose Bildung zu ermöglichen, damit sie sich unter Wahrung der jüdischen Tradition in die niederländische Gesellschaft eingliedern konnten. Als Beispiel für Integration ohne Assimilation war die Einrichtung ihrer Zeit voraus.

Seit 1675 ist die Bibliothek in der Häuserreihe um die imposante portugiesische Synagoge aus dem 17. Jahrhundert untergebracht. Sie liegt neben dem Auditorium des Seminars, in dem die Gläubigen an kalten Wintertagen zum Sabbat zusammenkommen, um der Kälte der unbeheizten Synagoge zu entgehen.

1889 vermachte der damalige Bibliothekar David Montezinos der Einrichtung seine Privatsammlung. Seitdem ist die Bibliothek zu Ehren des edlen Spenders auch als Livraria Montezinos bekannt.

Seit 2003 steht die Bibliothek auf der Liste des Weltdokumentenerbes der Unesco. Die Sammlung bietet Einblick in das humanistische Ideal des 17. Jahrhunderts und in die Entstehungsgeschichte der sephardischen Kultur in Spanien und Portugal. Neben ihren theologischen Beständen besitzt die Bibliothek auch Werke zu vielen anderen Themen wie Geschichte, Sprache und Literatur, aber auch Medizin und Wirtschaft.

Ein Großteil des Bibliotheksbestands ist über den Mikrofichekatalog von MMF Publications erhältlich.

Amsterdam, internationales Verlagszentrum

Im 17. Jahrhundert war Amsterdam eine von wenigen Städten, in denen Pressefreiheit herrschte, und entwickelte sich dadurch schnell zu einem bedeutenden Verlags- und Buchhandelszentrum. Nachdem sich 1627 mit Rabbi Menasse ben Israel (einem Lehrer Spinozas) der erste hebräische Verleger in Amsterdam niedergelassen hatte, wurde die Stadt schon bald zum Mittelpunkt des hebräischen Verlagswesens. Juden aus aller Welt kamen hierher, um ihre Werke zu drucken und zu veröffentlichen. Ihren Lebensunterhalt verdienten sie sich während ihrer aufgrund der Lektorate ihrer Bücher oftmals langen Aufenthalte als Gastdozenten an der Jeschiwa Ets Haim. In den Manuskripten der Sammlung finden sich zahlreiche Spuren ihres Lebens und ihrer Arbeit.

MAHNMAL „NIE WIEDER AUSCHWITZ“ ⑩

Mahnmal der zerbrochenen Spiegel

Wertheimpark, Plantage Middenlaan

Das Mahnmal der zerbrochenen Spiegel, das der niederländische Künstler Jan Wolkers 1977 zum Gedenken an die Opfer von Auschwitz realisierte, befindet sich seit 1993 in dem trotz seiner Schönheit nur wenig frequentierten Wertheimpark.

Während des Zweiten Weltkriegs wurden in den Niederlanden mit 67 Zügen knapp 60.000 niederländische Juden in das Konzentrationslager Auschwitz-Birkenau und 34.000 in das KZ Sobibor deportiert. Aus dem ersten kehrten 1150 Menschen zurück, aus dem zweiten 19.

Im Januar 1952 organisierte die polnische Regierung erstmals eine Veranstaltung zum Gedenken an die Befreiung von Auschwitz. Die niederländische Delegation der Überlebenden brachte eine Urne mit nach Hause, die unter einer Gedenktafel auf dem Oosterbegraafplaats („Ostfriedhof") beigesetzt wurde.

1977 wurde die Tafel durch ein Kunstwerk aus sechs gesplitterten Glasplatten ersetzt. Die Spiegelung des Himmels in dem gebrochenen Glas verweist darauf, dass der Himmel nach dem Holocaust nicht mehr blau und glatt war. 1993 wurde das Mahnmal in den Wertheimpark versetzt.

Jedes Jahr findet hier am letzten Sonntag im Januar zum Gedenken an die Befreiung von Auschwitz am 27. Januar 1945 ein Schweigemarsch statt.

Dort, wo heute der Wertheimpark liegt, befand sich einst einer der ältesten Parks der Stadt (angelegt 1812). Nur eine kleine Grünfläche von weniger als einem Hektar blieb davon erhalten und wurde 1898 nach dem Bankier, Politiker und Philanthropen Abraham Carel Wertheim (1832–1897) benannt. Ihm ist im Wertheimpark ein großer Brunnen gewidmet.

Digitales Mahnmal für die Amsterdamer Juden

Die Website joodsmonument.nl bietet eine neuartige Form des Gedenkens. Jedes der kleinen Quadrate auf der Homepage dieser Seite steht für einen deportierten Juden oder eine deportierte Jüdin. Hinter den Quadraten verbergen sich Informationen über die Familie dieser vielen Tausend Menschen sowie ihre letzte Anschrift vor der Deportation. Registrierte User können selbst Beiträge zur Website leisten.

OCCO HOFJE

Der einzige Amsterdamer Hofje im Louis-XVI-Stil

Nieuwe Keizersgracht 94
Geöffnet im Rahmen der Open Monuments Dagen am 2. Wochenende im September sowie mit etwas Glück auf freundliche Anfrage am Eingang

Der Occo Hofje wurde 1774 erbaut und erst in letzter Zeit durch den Architekten Peter Geusebroek saniert. Es ist der einzige *hofje* (s. S. 67) der Stadt im Louis-seize-Stil. 1893 entstanden anstelle des Obst- und Gemüsegartens zwei neue Gebäudeflügel. Die Gründung dieses Hofje geht auf das Vermächtnis von Cornelia Elisabeth Occo zurück. Die alleinstehende Geschäftsfrau, eine Nachfahrin des Kaufmanns und Bankiers Pompeius Occo, war in Paris, London und Brüssel aktiv und unter anderem Anteilseignerin der Französischen Ostindienkompanie. 1752 legte sie in ihrem Testament fest, dass ihr Vermögen für den Bau eines *hofje* für arme Witwen und alleinstehende ältere Frauen verwendet werden sollte. Angelehnt an das Alter, das Jesus erreichte, sollten in dem Gebäude 33 katholische Bewohnerinnen ein Zuhause finden. An der Vorderseite des Gebäudes steht über der Tür die Inschrift „'t gebouw van Barmhartigheid" („das Gebäude der Barmherzigkeit") zu lesen. Der Adler, Wappentier der Familie Occo, findet sich an mehreren Stellen im Dekor des Gebäudes wieder, an der Außenfassade ebenso wie innen an den Abschlüssen der Treppenhandläufe.

MDCC
LXXIV
'T GEBOUW VAN
BARMHARTIGHEID
94 t/m 140

VAN BRANTS RUS HOFJE

Ein aus dem Handel mit Russland finanziertes Hospiz

Nieuwe Keizersgracht 38–40
Geöffnet im Rahmen der Open Monuments Dagen am 2. Wochenende im September sowie mit etwas Glück auf freundliche Anfrage am Eingang

Christoffel Brants, Sohn eines ostfriesischen Böttchers, war im Handel mit Russland tätig und verfügte über eine privilegierte Stellung am Hof Peters des Großen, den er bei dessen Besuch in Amsterdam 1716 bei sich beherbergte. Im Jahr darauf erhob ihn der Zar in den Adelsstand. Van Brants war alleinstehend und beauftragte 1731 den Architekten Daniël Marot mit dem Bau eines *hofje* (s. S. 67). Er starb ein Jahr später, hatte in seinem Testament jedoch verfügt, dass ein beträchtlicher Teil seines Vermögens auf die Fertigstellung seines *hofje* verwendet werden sollte. So entstand ein eindrucksvolles dreistöckiges Gebäude mit Kellerräumen, Speicher und einem schönen Innenhof. Ein Vers des über dem Eingang verewigten Gedichts besagt: „Folget Brants in seinen Tugenden und seiner Liebe für die Armen." Im Mittelbau ist das Wappen des Stifters zu sehen: ein roter, sechszackiger Stern. Das Relief im Giebel über dem Dachgesims zeigt die Barmherzigkeit, umgeben von bedürftigen Frauen. Die Skulptur in der Mitte des Gartens zeigt einen von Putten umringten Schwan, was als Hinweis darauf verstanden werden kann, dass van Brants Lutheraner war (s. S. 108).

GRAFFITIS AM HAUS AMSTEL 216 ⑬

Das blutbefleckte Haus

Amstel 216

Betrachtet man die Fassade des Hauses an der Amstel 216 genauer, fällt der Blick etwa auf Augenhöhe auf mehrere bräunlichrote Graffitis. Zu erkennen sind ein Dreimaster, einige hebräische Buchstaben, Achtecke und Fahnen, der Name „Jacoba" sowie zweimal, in zögerlicher Schrift, der Name „van Beuningen". Es handelt sich hierbei um Spuren des dem Wahnsinn verfallenen Coenraad van Beuningen (1622–1693).

1675 zog der Edelmann und fünfmal wiedergewählte Bürgermeister von Amsterdam in dieses fünf Jahre zuvor erbaute Stadthaus. Bedingt durch seine Erfolge als Diplomat (1672 spielte er als Unterhändler für den Friedensschluss mit Frankreich eine entscheidende Rolle) besaß er hohes Ansehen und ein stattliches Vermögen. Doch sein Verhältnis zum Prinzen von Oranien verschlechterte sich zunehmend, woraufhin van Beuningen, seines Einflusses beraubt, in Schwermut versank. Sein Zustand verschlechterte sich ab 1686, dem Jahr, in dem er auch seine 18 Jahre jüngere Mätresse Jacoba Bartolotti van den Heuvel heiratete. Die Ehe war nicht glücklich. Van Beuningen verspekulierte sein Vermögen in gewagten Geschäften und war schnell ruiniert.

Seine mentale Gesundheit hielt diesen geballten Problemen nicht stand. 1689 begann er sich für das Werk des deutschen Metaphysikers und Theosophen Jakob Böhme (1575–1624) zu interessieren, der mehrere mystische Erleuchtungen erlebt haben soll. Besessen von dessen Mystik war van Beuningen bald überzeugt, apokalyptische Visionen zu haben: Im Himmel über Amsterdam sah er Feuerkugeln, ein andermal einen regenbogenfarbenen Sarg.

Aus dieser Zeit stammen die Graffitis auf der Fassade seines Hauses. Der Legende nach soll sich van Beuningen die Pulsadern aufgeschnitten und die wirren Inschriften mit seinem eigenen Blut an die Wand geschrieben haben. Diese Behauptung ist bis heute nicht belegt. Interessant ist indes, dass die Graffitis Wind und Wetter widerstanden und die Jahrhunderte trotz aller Versuche, sie zu entfernen (darunter in den 1930er-Jahren das Hochdruckabstrahlen mit Säure), bis heute überdauert haben.

DIE VERGESSENEN FRESKEN IM FILMTHEATER TUSCHINSKI

(14)

Art-déco-Schönheiten in ihrer ursprünglichen Eleganz

Pathé Tuschinski – Reguliersbreestraat 26–34
0900 14 58 – pathe.nl
Führungen für Privatpersonen einmal im Monat
Zu sehen auch beim Besuch einer Vorstellung im großen Saal (Saal 1), 2. Balkon

Das Filmtheater Tuschinski ist ein Meisterwerk der Bau- und Dekorationskunst. Hinter der Eingangshalle erwarten die Besucher bis in die Gänge und Galerien fantastische Wandgemälde. Sie zeugen von dem immensen Wunsch Abraham Icek Tuschinskis, sein Theater immer noch schöner und beeindruckender zu machen.

Ursprünglich hatte Tuschinski seine polnische Heimat in Richtung Rotterdam verlassen, um von dort aus weiter in die USA zu reisen. Doch die Stadt zog ihn in ihren Bann. Er blieb und verdiente ein Vermögen mit dem Aufbau eines Kinoimperiums. Die ersten vier Säle in Rotterdam waren ein voller Erfolg. Durch und durch Geschäftsmann, begann Tuschinski daraufhin, Pläne für einen Prachtbau als Hommage an den Film zu spinnen, um so auch in der Hauptstadt das Publikum an sich zu binden.

Am 28. Oktober 1921 fand die Eröffnung seines neuen Filmtheaters statt, das Einflüsse von Art déco und Amsterdamer Schule miteinander verbindet. Bei der Sanierung im Jahr 2000 traten unter mehreren Schichten Farbe, vor allem aus Zeiten der Besatzung im Zweiten Weltkrieg, die schönen Fresken von Pieter den Besten zutage. Die Wände in der Orchestergalerie des großen Saals zieren die sogenannten *Schmetterlingsfrauen* von Pieter den Besten, einem Künstler der Schule von Rotterdam, die dieser beim Bau des Theaters 1918 bis 1921 ausführte.

Vermutlich zum zehnten Jahrestag der Gründung des Theaters beauftragte Abraham Tuschinski den Künstler mit der Ausführung weiterer majestätischer Gemälde an den Wänden der Galerie. Die 18 stilisierten Frauenfiguren sind ein herausragendes Beispiel für die Kunst des Art déco.

In der Eingangshalle befindet sich zwischen den beiden Schaltern ein kleines Fenster. Dahinter verbirgt sich das frühere Büro von Tuschinski. Dieser nahm seine Tätigkeit als Manager des Hauses sehr ernst und beobachtete von hier aus, wie viele Besucher in seinen Saal strömten.

DIE SYMBOLIK DES DE-BAZEL-HAUSES

15

Ein von der Tempelanlage Borobudur inspiriertes Gebäude

Vijzelstraat 32
Führungen auf telefonische Anfrage unter 020 251 18 00

Das imposante Gebäude in der Vijzelstraat 32 sticht mit seiner um ein Betonskelett aus Backstein, Granit und Syenit gearbeiteten Streifenfassade aus der Umgebung hervor. Von den Amsterdamern erhielt es aufgrund dieses ungewöhnlichen Musters den Spitznamen Spekkoek („Speckkuchen"). Das seit 1991 unter Denkmalschutz gestellte Gebäude trägt heute den Namen seines Architekten, Karel de Bazel (1869–1923).

Als de Bazel an seinem Lebensabend den Auftrag für die Gestaltung des Hauptsitzes der Niederländischen Handelsgesellschaft (NHM, s. S. 143) erhielt, ließ er sich durch den buddhistischen Tempel Borobudur (erbaut zwischen 800 und 1100 auf der indonesischen Insel Java) inspirieren und griff in seinen Entwürfen zudem auf theosophische Grundsätze aus dem Werk der amerikanischen Architekten Louis Sullivan (1856–1924) und Frank Lloyd Wright (1867–1959) zurück, die in ihren Proportionen, Materialien, Farben und Symbolen die Allgegenwart des Göttlichen suggerierten. Das erklärt viele der Besonderheiten des um zwei Lichtschächte herum angeordneten Streifenmuster-Gebäudes – und die zahlreichen Symbole, die der Architekt in sein letztes Werk einfließen ließ.

An erster Stelle sind hier mehrere dekorative Elemente zu nennen, die auf die Arbeit der NHM und die Kolonien verweisen. Beiderseits der Eingangstür stehen zwei weibliche Statuen: Die eine, nachdenkliche, repräsentiert Asien, die andere, wache, personifiziert Europa. Am oberen Ende der Fassade erinnern drei Darstellungen von Generalgouverneuren aus Niederländisch-Indien an die rege Handelsaktivität der Gesellschaft. An der Ecke des Gebäudes erweisen verschiedene Skulpturen den Händlern und Seeleuten die Ehre. Im Inneren fanden sich zur Verdeutlichung der Hierarchiestufen

verschiedene Grüntöne an den Wänden: Je dunkler das Grün, desto höher ist die Position der darin sitzenden Person.

Doch der Theosoph und Freimaurer de Bazel ging noch weiter und brachte auch bei der Ausgestaltung der Räume eine ganze Reihe esoterischer Symbole unter, etwa die Sanduhr als Symbol der Vergänglichkeit, das gleichschenklige Kreuz als Symbol für die Gleichheit von Materie und Geist sowie die Leiter zum Zeichen der persönlichen Entwicklung. Bei alledem war es dem Architekten jedoch wichtig, ein Gebäude zu entwerfen, das seiner Zeit voraus war. Hinter der Fassade verbarg er ein raffiniertes Belüftungssystem, eine zentrale Absaugung sowie eine Fußbodenheizung rundeten das moderne Konzept ab.

Wie viele Architekten seiner Zeit war er der Ansicht, dass Harmonie und Schönheit in jedem Detail zu erkennen sein mussten. Entsprechend verwendete er große Sorgfalt auf die Innengestaltung, von den Böden und Decken über die Tapisserien und Fenster (von Antoon Derkinderen) bis hin zu den Leuchtern und Möbeln.

Die Nederlandsche Handel-Maatschappij (NHM) wurde 1824 von König Willem I. zur Neubelebung der schwächelnden Wirtschaft gegründet. Ziel der Gesellschaft war es, den internationalen Handel zu fördern, vor allem den mit den Kolonien Niederländisch-Indiens. Im 20. Jahrhundert nahm die Gesellschaft mit dem Untergang der Kolonien die Form einer traditionellen Bank an. Diese fusionierte später mit anderen Banken und wurde 1964 zur ABN und 1991 zur ABN-AMRO-Bank.

DIE HÄUSER AN DER ECKE VIJZELGRACHT/PRINSENGRACHT 16

Ein denkmalgeschützter Häuserblock aus dem Jahr 1971

Café-Restaurant Myrabelle
Vijzelgracht 1
020 624 41 09
Montag bis Samstag von 12 bis 1 Uhr

Kaum zu glauben, dass diese Straßenecke in den 1960er-Jahren nichts weiter als umzäuntes Brachland war. Im ersten Drittel des 20. Jahrhunderts wurde die Vijzelgracht in der Stadtplanung zu einer Hauptverkehrsachse. Zwischen 1917 und 1926 wurde die Vijzelstraat verbreitert, 1933 die Vijzelgracht aufgeschüttet. Diese Veränderungen weckten schnell reges Interesse an dem Viertel, wo daraufhin schon bald das De-Bazel-Haus (1919, s. S. 140), das *Carlton Hotel* (1929) sowie die Bürotürme der späteren ABN-AMRO-Bank (1962) entstanden. 1973 beschloss die Bank, sich zu vergrößern und zwischen Keizersgracht und Prinsengracht einen Neubaukomplex zu errichten.

Dieses Vorhaben wurde von vielen Seiten lautstark kritisiert. Man fürchtete, dass sich das Stadtzentrum zu einem Hochhausdschungel entwickeln würde, der tagsüber von Blechlawinen geprägt und nachts verwaist sein würde. Die Bank sah sich gezwungen, ihren geplanten Bau um einige Stockwerke zu reduzieren.

In dieser leidenschaftlich geführten Debatte entwickelte der Verein für Stadtsanierung Amsterdam Maatschappij tot Stadsherstel eine Strategie zum Kauf und zur Sanierung der östlichen Straßenseite. Sehenswert sind dabei insbesondere die Gebäude an der Vijzelgracht 1, 3 und 5 sowie an der Prinsengracht 646 und 648: Hier entstanden 1971 in anhand von alten Fotografien sanierten historischen Gebäuden elf Apartments, zwei Geschäfte und eine Bar. Um neue Bauvorhaben zu verhindern, die das Antlitz des Viertels entstellen könnten, wurden viele Gebäude kurzerhand unter Denkmalschutz gestellt, allein 47 in der Vijzelgracht.

IN DER UMGEBUNG

Pfeifenmuseum

Pijpenkabinet, Prinsengracht 488
020 421 17 79
Mittwoch bis Samstag 12–18 Uhr

Das Pfeifenmuseum wurde ausgehend von der Privatsammlung des Don Duco gegründet, der ab 1969 damit begann, Pfeifen, die bei archäologischen Ausgrabungen in Amsterdam zutage traten, zu sammeln. Heute besitzt das Museum eine europaweit einzigartige Sammlung von über 20.000 Pfeifen, von denen 2000 in der ständigen Ausstellung zu sehen sind. In dem Museum befindet sich außerdem eine Bibliothek mit über 4000 Signaturen.

DAS MAX-EUWE-MUSEUM

Ein Museum zu Ehren des größten niederländischen Schachspielers

Max Euweplein 30a
Besuche auf Anfrage, unter +31 020 625 70 17

Das Max-Euwe-Museum widmet sich dem größten Schachspieler, den es in den Niederlanden je gab. Max Euwe, 1935 zum fünften Schachweltmeister gekürt, wurde 1901 in der Nähe von Amsterdam geboren, wo er Mathematik studierte und später unterrichtete.

Berühmt wurde er insbesondere durch die Anwendung seiner mathematischen Methodik und Logik auf das Schachspiel. Das Museum zeichnet seine Karriere nach und zeigt viele seiner mehr als 70 Sachbücher, mit denen er einen wichtigen Beitrag zur Entwicklung und Popularisierung von Schach leistete. Neben verschiedenen persönlichen Exponaten Euwes mit Schachbezug sind in dem Museum zahlreiche Schachbretter aus aller Welt zu sehen. Eine große Sammlung von Fotografien bietet Einblick in die Welt der Schachturniere. An dem großen Schachbrett auf dem Platz vor dem Museum können Passanten ihr Glück bei einer Partie versuchen.

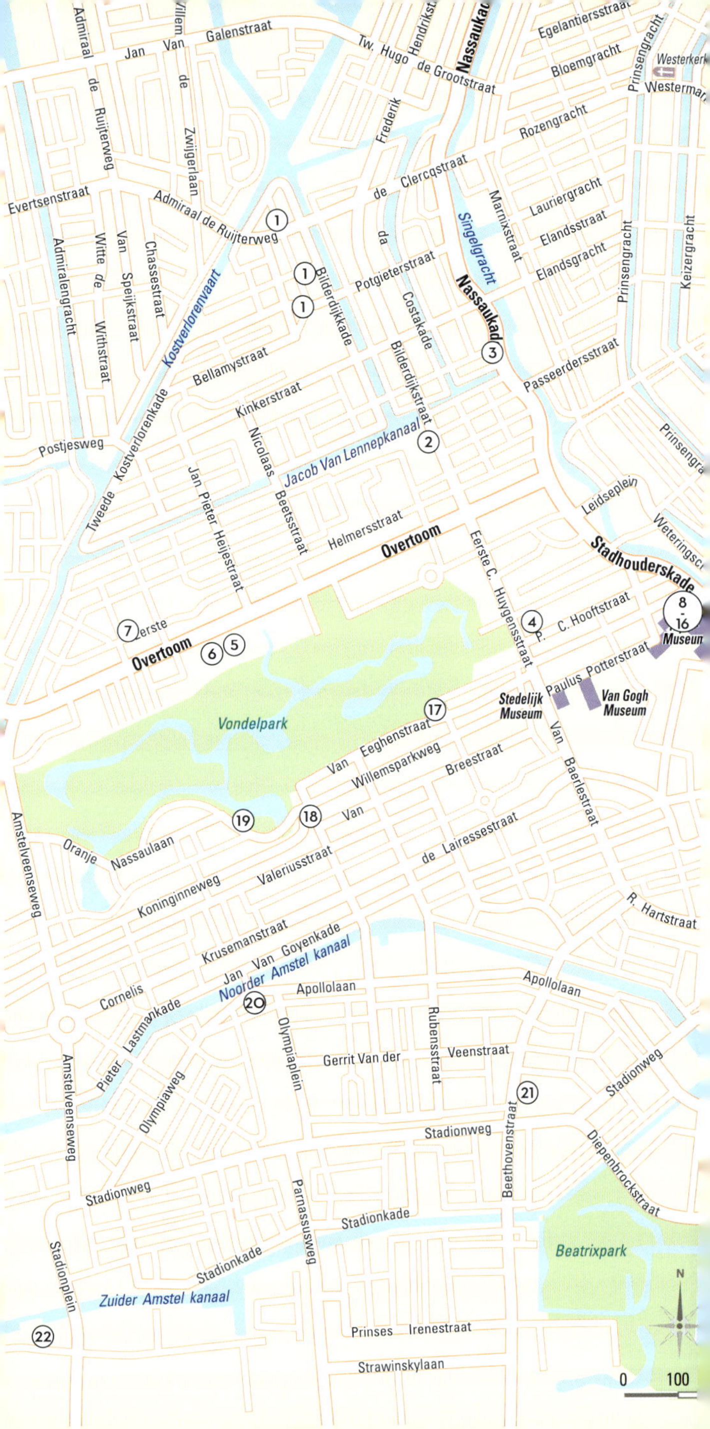

Jan Van Galenstraat
Admiraal de Ruijterweg
Willem de Zwijgerlaan
Tw. Hugo de Grootstraat
Hendrikstr.
Nassaukade
Egelantiersstraat
Bloemgracht
Prinsengracht
Westerkerk
Westermarkt
Frederik
Rozengracht
de Clercqstraat
Evertsenstraat
Admiraal de Ruijterweg
Singelgracht
Marnixstraat
Lauriergracht
Elandsstraat
Elandsgracht
Prinsengracht
Keizersgracht
Admiralengracht
Witte de Withstraat
Van Speijkstraat
Chassestraat
Kostverlorenvaart
Bilderdijkkade
da Costakade
Potgieterstraat
Nassaukade
Bellamystraat
Kinkerstraat
Bilderdijkstraat
Passeerdersstraat
Postjesweg
Tweede Kostverlorenkade
Nicolaas Beetsstraat
Jan Pieter Heijestraat
Jacob Van Lennepkanaal
Prinsengracht
Leidseplein
Weteringschans
Helmersstraat
Overtoom
Eerste C. Huygensstraat
Stadhouderskade
Eerste
Overtoom
P. C. Hooftstraat
Museum
Paulus Potterstraat
Stedelijk Museum
Van Gogh Museum
Vondelpark
Van Eeghenstraat
Willemsparkweg
Breestraat
Van Baerlestraat
Amstelveenseweg
Oranje Nassaulaan
Van de Lairessestraat
Valeriusstraat
Koninginneweg
R. Hartstraat
Krusemanstraat
Jan Van Goyenkade
Noorder Amstel kanaal
Apollolaan
Apollolaan
Cornelis
Pieter Lastmankade
Olympiaplein
Rubensstraat
Gerrit Van der
Veenstraat
Amstelveenseweg
Olympiaweg
Stadionweg
Beethovenstraat
Stadionweg
Diepenbrockstraat
Stadionweg
Stadionkade
Parnassusweg
Beatrixpark
Stadionplein
Stadionkade
Zuider Amstel kanaal
Prinses Irenestraat
Strawinskylaan
N
0
100
1
1
1
2
3
4
5
6
7
8
-
16
17
18
19
20
21
22

Vondelpark und Umgebung

KERAMIKREPRODUKTIONEN KLASSISCHER GEMÄLDE

①

Szenen des niederländischen Lebens im 17. Jahrhundert

Bellamyplein 22–38; Elisabeth Wolffstraat 59; Admiraal de Ruyterweg 52–80

Nur allzu leicht ist man versucht, die vermeintlich gewöhnlichen Häuser dieses Viertels keines besonderen Blickes zu würdigen. Das wäre allerdings unverzeihlich, weil man an den Eingängen bei genauerem Hinsehen kunstvolle Keramiktafeln entdecken kann. Auf diesen sind typische Szenen aus dem niederländischen Leben im 17. Jahrhundert dargestellt. Die ländlichen und maritimen Szenen sind von klassischen Gemälden inspiriert. Bewundern lassen sich überwiegend Darstellungen der Stadt Harlingen (Friesland) und des Schiffs *Halve Maen*. Mit dem „*Halbmond*" erkundete Henry Hudson 1609 im Auftrag der Niederländischen Ostindien-Kompanie die Ostküste Amerikas und fuhr den später nach ihm benannten Fluss hinauf.

INDOOR-SKIPISTE ②

Skifahren im Herzen der Stadt

Ski-inn Amsterdam, W.G. Plein 281
020 607 01 48
Terminvereinbarung erforderlich

Einst beherbergte der Gebäudekomplex von W.G. Terrein das Audimax des Universitätsklinikums. Heute befindet sich in dem großen Saal etwas, was man nicht unbedingt erwarten würde: eine Indoor-Skipiste für bis zu vier Skifahrer. Technisch steckt dahinter ein System, das die Skiläufer über ein in entgegengesetzter Richtung laufendes Band konstant in der Abfahrt hält. Die Geschwindigkeit des Bandes lässt sich dabei je nach Können regulieren.

IN DER UMGEBUNG

Wandgemälde mit nackter Frau ③

Ecke Jacob van Lennepstraat/Nassaukade

Knapp drei Wochen arbeitete Rombout Oomen an diesem Werk: einem Wandgemälde, das seinerzeit das größte in ganz Amsterdam war. Es zeigt einen Mann, der sich auf eine nackte Frau stürzt, die den Frühling symbolisiert. Darüber ist in großen schwarzen Lettern das Gedicht *Aan een roosje* des Schriftstellers Jacob van Lennep zu lesen. Die unverhüllt gezeigte Nacktheit löste nach der Fertigstellung im Jahr 2004 eine Welle des Protests aus. Im selben Jahr wurde deshalb das weibliche Geschlecht übermalt.

© FaceMePLS

SKULPTUREN AN DER BRÜCKE IN DER VAN BAERLESTRAAT

4

Ein unbekanntes Werk von Hildo Krop

Auf Höhe der Van Baerlestraat 1

Spaziergänger und Radfahrer schenken der Unterführung meist nur wenig Beachtung, denn das Ziel ist entweder der Vondelpark, der sich noch weit dahinter erstreckt, oder der Weg zurück ins Herz der Stadt. Dabei lohnt sich ein genauerer Blick auf die Bögen der Brücke, einem Teilstück der van Baerlestraat. In der Mitte befinden sich kaum bekannte Skulpturen des Bildhauers Hildo Krop aus dem Jahr 1947. Sie zeigen junge Eltern beim Spaziergang mit ihren Kindern.

IN DER UMGEBUNG

Johannapark (5)

Overtoom 351–353

Am belebten Overtoom führt gegenüber der Staringstraat eine Tordurchfahrt in eine schmale Gasse, in der sechs kleine Arbeiterhäuser stehen. Und wo ist hier bitteschön der Johannapark? Seinen Namen erhielt das Miniviertel 1878 nicht ohne Zynismus. Denn einen Park hat es hier nie gegeben.

Stallungen von van Gendt

Overtoom 371–373

Adolf van Gendt ließ die hübschen Häuschen in dieser Gasse 1876 errichten. Damals waren hier Stallungen, eine Hufschmiedwerkstatt sowie Büros untergebracht. Lange Zeit waren die Gebäude dem Verfall preisgegeben, später wurden sie besetzt. Schließlich nahm sich das Architekturbüro Kentie ihrer an, ließ sie in den Jahren 2003/04 renovieren und gab ihnen damit ihr Antlitz aus dem 19. Jahrhundert wieder. Heute beherbergt der kleine Komplex sechs Wohnungen, zwei Geschäfte, zwei Büros und die Villa Spijker, in der behinderte Kinder leben. An der Einfahrt sind noch die Schienen zu erkennen, über die einst Pferdestraßenbahnen rollten.

Verse auf den Gehwegen

Kreuzung Eerste Helmersstraat/Rheinvis Feithstraat
Rheinvis Feithstraat 21, Pieter Langendijkstraat 54
Brederodestraat 124

Das Gebiet nördlich des Overtoom ist nicht unbedingt besonders poetisch. Doch wer hier mit offenen Augen durch die Straßen geht, bemerkt auf den Gehwegen kleine mit Buchstaben beschriftete Keramikquadrate. Wenn man diese in Gedanken aneinanderreiht, ergeben sie kleine Gedichte, deren Titel am Ende der Verse auf größeren Kacheln stehen.

STATUEN VON VICTOR DE STUERS ⑧ UND PIERRE CUYPERS

„Niemals werde ich meine Füße in dieses Kloster setzen!“

Rijksmuseum – Museumplein
rijksmuseum.nl
Tramlinien 1, 2 und 5, Haltestelle Rijksmuseum

An der rückwärtigen Fassade des Rijksmuseum (aufseiten des Museumplein) befinden sich auf halber Höhe über dem Hauptportal zwei Statuen. Sie zeigen Victor de Stuers und Pierre Cuypers, zwei Katholiken aus der Provinz Limburg, die, jeder auf seine Weise, als Begründer des Museums gelten.

Im Jahr 1876 schrieb die Stadt Amsterdam einen Architekturwettbewerb für den Bau des Rijksmuseum aus. Pierre Cuypers (1827–1921) reichte einen Entwurf ein, für den sich der angesehene Denkmalschutzbeamte Victor de Stuers (1843–1916) einsetzte. Der protestantische König Willem III. indes stellte sich gegen den von Kritikern als „papistischen Entwurf" beschimpften Beitrag der beiden Männer gleicher Herkunft und Glaubenszugehörigkeit. Er versuchte sogar, Cuypers zu diskreditieren, weil dieser nicht die prestigereiche polytechnische Schule von Delft – noch heute eine der angesehensten Ausbildungsstätten für Architekten – besucht hatte. Denn Cuypers, Sohn eines Kirchenmalers, hatte nach seinem Schulabschluss in Roermond lediglich eine baukünstlerische Ausbildung an der Kunstakademie von Antwerpen durchlaufen. Zudem stützte sich sein Ruf als Architekt vor allem auf seine Arbeit an von ihm erbauten oder restaurierten Kirchen, Kapellen und Klöstern. Mit de Stuers' Unterstützung konnte er jedoch bald schon, gegen den Willen des Königs, die Arbeit an seinem Museum im Stil der Neorenaissance aufnehmen.

Cuypers Obedienz hatte jedoch nicht unerhebliche Auswirkungen auf sein Werk: Immer mehr neogotische Elemente sowie von den Calvinisten wenig goutierte Symbole fanden Eingang in seine ursprünglichen Pläne. Als der Bau fertig war, soll Willem III. erklärt haben: „Niemals werde ich meine Füße in dieses Kloster setzen!" So weigerte sich der König denn auch, das neue Museum (dessen Baukosten von anfangs geplanten 750.000 auf rund 2,25 Millionen Gulden angewachsen waren) einzuweihen.

Allen Widerständen zum Trotz wurde das betreffende „Kloster" schließlich 1885 eröffnet. Zwischen 2003 und 2013 wurde das Museum von den spanischen Architekten Antonio Cruz und Antonio Ortiz umgebaut (mit den inneren Galerien und der Museographie wurde der französische Architekt Jean-Michel Wilmott betraut). Seine Symbolik blieb dabei unangetastet. Am 13. April 2013 weihte Königin Beatrix das Museum schließlich offiziell ein, und die Positionen von Willem III. wurden endgültig ad acta gelegt.

GRÜNE MÄNNER AN DER PASSAGE ⑨ AM RIJKSMUSEUM

Eine Mahnung zu mehr Respekt gegenüber dem Kreislauf des Lebens

Rijksmuseum – Museumstraat 1
rijksmuseum.nl
Tramlinien 1, 2 und 5, Haltestelle Rijksmuseum

Wenn man die Passage des Rijkmuseum durch den südlichen Eingang betritt, sollte man den Blick nach oben zum Gewölbe schweifen lassen, das sich über die Säulenkapitelle erhebt. Dort kann man männliche Köpfe entdecken, die mit Masken aus Blättern bedeckt zu sein scheinen. In der europäischen Folklore sind derartige Figuren als *green man* („grüner Mann") bekannt.

Diese skulpturalen Zierelemente erfreuten sich in der Baukunst des ausgehenden 19. Jahrhunderts (die Köpfe am Rijksmuseum entstanden 1885 unter Leitung des Belgiers François Vermeylen) großer Beliebtheit, gehen jedoch auf Mythen aus dem alten Rom zurück (s. unten).

Trotz seines heidnischen Ursprungs blieb der hier beschriebene, von Vegetation bedeckte Kopf über die Jahrhunderte ein Symbol der Wiedergeburt und des Neubeginns: Nach dem Winter beginnt mit jedem Frühling der Kreislauf des Lebens von vorne.

In dieser Bedeutung tauchte der meist stehend dargestellte „grüne Mann" in der Folge immer häufiger an Kapitellen gotischer Kirchen und Kathedralen als König des Waldes auf, der zu Respekt gegenüber der Natur selbst und ihren Kreisläufen ermahnt. In der Renaissance und im Barock verbreitete sich zunehmend die Gestaltung mit Blatt- und Vegetationsmasken (wie sie auch in den Skulpturen am Rijksmuseum zu finden sind). Der Kopf des „grünen Mannes" erschien in der Folge an immer mehr weltlichen Gebäuden in ganz Europa (vor allem in Großbritannien) und ist sogar in Thailand, Indien oder Nepal zu finden.

Der Waldgeist Sylvan als Ursprung des „grünen Mannes"

Im alten Rom galt der Gott Sylvan (von lt. *Silvanus*) als Beschützer des Waldes (lt. *silva*). Er wurde als einer der Söhne des Saturn oder des Faunus (Enkel von Saturn) beschrieben und oft mit diesem gleichgesetzt. Wie Faunus, Beschützer der pastoralen Arbeit, war auch Sylvan ein rein römischer Gott. Als Wächter des Waldes war er augenscheinlich auch der erste, der eine Trennung ländlicher Güter gestattete. Nach diesem Verständnis erinnert er auch an die Entstehung früher ländlicher Gemeinschaften, deren Religiosität vom Zyklus der Jahreszeiten geprägt war. Viele Bräuche aus dieser Zeit haben sich bis heute in der Volksreligion erhalten.

OHREN DER BÜSTE AM WESTTOR DES ATRIUMS

(10)

Ein verborgener Hinweis auf die Theorie der Sphärenmusik

Atrium des Rijksmuseum, Rijksmuseum
Museumstraat 1
rijksmuseum.nl
Tramlinien 1, 2 und 5, Haltestelle Rijksmuseum

Wer das Atrium des Rijksmuseum durch den westlichen Eingang in Richtung der dem 17. Jahrhundert gewidmeten Räume aufmerksamen Blickes verlässt, bemerkt vielleicht eine Konsole mit einer wundersamen flügelohrigen Büste.

Am Westeingang des Museums befindet sich ein weiterer, ähnlicher Kopf mit ebenso überdimensionierten Ohren. Diese interessanten Darstellungen sollen auf Ideen des Philosophen Pythagoras (6. Jh. v. Chr.) zurückgehen, den Begründer der Theorie der Sphärenharmonie (oder Spärenmusik; s. rechts).

Grundsätze der musikalischen Kabbala

Die musikalische Kabbala beruht auf der Annahme, dass die Planeten des Sonnensystems in ihrer Bewegung einen Ton erzeugen, den allein Gott zu hören vermag. Für die Menschen ist er indes nicht wahrnehmbar (Konzept der Sphärenmusik). In dem Zusammenhang sollen die Abstände zwischen den Planeten bzw. die jeweiligen Geschwindigkeiten der Planeten musikalischen Intervallen entsprechen – mit der Erde im Zentrum des Systems. Könnten die (definitionsgemäß als perfekt betrachteten) Klänge der Erschaffung des Universums erfasst und reproduziert werden, wäre es theoretisch möglich, die universelle Harmonie auf Erden wiederherzustellen. So weit die Hypothese. Pythagoras (ca. 571–497 v. Chr.) entwarf als Erster ein Konzept der musikalischen Intervalle. Platon (428/427–348/347 v. Chr.) stellte die Verbindung zwischen diesen Intervallen und der Sphärenmusik her. Die Musik als Instrument zur Verbreitung der himmlischen Harmonie war geboren. Im nächsten Schritt übertrug man die musikalischen Intervalle auf architektonische Konzepte, indem man sich die Proportionen, die in der Musik größtmögliche Harmonie erzeugten, zunutze machte. So ließen sich diese Prinzipien – und damit diese Harmonie – auf menschliche Bauten anwenden. Pythagoras beobachtete die Länge und das Gewicht von Schmiedehämmern, woraus er die den Tönen zugrundeliegenden mathematischen Beziehungen entwickelte. Der Legende nach wurde er dabei von den Göttern geleitet. Er übertrug seine Beobachtungen auf eine Saite, die er auf 3/4 ihrer Länge mit einem Gewicht belastete. Dabei stellte er fest, dass daraufhin der Klang einer Quarte unter dem von der ganzen Saite erzeugten Ton zu hören war. Belastete er die Saite an einem Punkt auf 2/3 ihrer Länge, erklang eine Quinte, bei der Hälfte (1/2) eine Oktave über dem ursprünglichen Ton. In der Folge dieses Experiments wurden die Intervalle auch als Konsonanzen des Pythagoras bezeichnet. Für die Phytagoreer, unter ihnen der für seine astronomischen Beobachtungen berühmt gewordene Claudius Ptolemäus (um 90–168 n. Chr.), entsprach jeder der sieben Planeten des Sonnensystems einer Note und einer Farbe (Sonne: c – orange, Mond: h – violett, Mars: c – rot, Saturn: f – grün, Venus: a – blau, Merkur: e – gelb, Jupiter: g – purpur). Die Verschmelzung dieser Farben und Noten wurde auf Erden als musikalisch zusammenklingender Himmelsbogen visualisiert und von Pythagoras als Sphärenmusik bezeichnet. Die Mathematik und die musikalischen Entdeckungen des Pythagoras hatten wesentlichen Einfluss auf die Entwicklung der Musik und die in Mittelalter und Renaissance aufkommende Übertragung numerischer Prinzipien auf die Baukunst.

DER „BRIEFKASTEN“ DER *NACHTWACHE*

(11)

Ein Gemälde, das nicht durch die Türen passte

Rijksmuseum
Museumstraat 1
rijksmuseum.nl
Tramlinien 2, 5, 7 und 10, Haltestelle Rijksmuseum

Jedes Jahr wollen rund zweieinhalb Millionen Museumsbesucher die berühmte *Nachtwache* von Rembrandt bewundern. Nur wenige von ihnen werden den langen Spalt bemerken, der sich vor dem Gemälde durch den Boden zieht, oder wissen, was es damit auf sich hat.

Im Volksmund gerne als de *brievenbus* (nl. „Briefkasten“) bezeichnet, dient diese Öffnung schlicht dazu, das riesige Kunstwerk bei Bedarf aus dem Gebäude schaffen zu können, das 1906 um die *Nachtwache* herum errichtet wurde. Das Bild hätte aufgrund seiner Ausmaße (363 × 437 cm) gar nicht durch die Türen des Museums gepasst.

Als das Meisterwerk mit Aufkommen der Elektrizität beleuchtet

werden konnte, wurde es in den Raum verbracht, in dem es auch heute noch zu sehen ist.

Was man seinerzeit jedoch nicht bedacht hatte war, dass es eines Tages möglicherweise erneut aus dem Gebäude gebracht werden müsste. Erst 1934, als in Europa aufgrund erster diplomatischer Spannungen die Angst vor einem erneuten Krieg wuchs, entstand die Idee des riesigen „Briefkastens", dessen Ausgang außerhalb des Gebäudes auf der Südseite der Passage zu finden ist.

Im September 1939 wurde die *Nachtwache* so (obwohl die Niederlande erst im Mai 1940 besetzt wurden) heimlich aus dem Museum gebracht und in der Folge an wechselnden Orten, zunächst auf Burg Radboud in Medemblik, versteckt. Aufgrund des hohen Gesamtgewichts von 337 Kilogramm entfernte man später den Rahmen und wickelte das (immer noch 170 kg schwere) Werk um einen Zylinder, der in einem unterirdischen Bunker in den Dünen nahe Castricum versteckt wurde.

Im April 1942 verbrachte man das Gemälde in die Marnegrotten bei Maastricht, wo es bis zum 25. Juni 1945 verblieb. Um größere Schäden aufgrund dieser unsachgemäßen Lagerung abzuwenden, wurde die wertvolle Rolle jeden Tag um einige Grad gedreht.

2003 kam der „Briefkasten" im Zuge der Renovierung des Rijksmuseum samt Umzug des Gemäldes in den Philips-Pavillon erneut zum Einsatz. 2013 schließlich kehrte das Meisterwerk nach Abschluss der Arbeiten an seinen angestammten Platz zurück.

Ein Gemälde, das einen Meter an Breite verlor

Als die *Nachtwache* 1715 im Amsterdamer Rathaus (dem heutigen Palast am Dam) aufgestellt wurde, beschloss man, es um einen Meter zu kürzen, damit es den Raum zwischen zwei Türen einnehmen konnte. Das Gemälde, das ursprünglich 32 Figuren hatte, verlor drei. Eine kleinere Kopie des ursprünglichen Gemäldes aus dem Jahr 1647, die von Gerrit Ludens angefertigt wurde, ist neben der *Nachtwache* ausgestellt, die die von Rembrandt gemalte Originalszene zeigt.

DIE GÜLDENEN STATUEN IM SAAL DER *NACHTWACHE* ⑫

Ein verborgener Hinweis auf die Technik des Chiaroscuro

Rijksmuseum – Museumstraat 1
rijksmuseum.nl
Tramlinien 1, 2 und 5, Haltestelle Rijksmuseum

Im Saal der *Nachtwache* gelten alle Blicke dem berühmten Gemälde. Die vier goldenen Statuen bleiben meist unbemerkt, wenngleich sie auf schöne Weise verdeutlichen, wie gut Rembrandt die vom Caravaggismus inspirierte Technik des Chiaroscuro beherrschte. Als Allegorien verkörpern sie das Licht zu verschiedenen Tageszeiten: Der Morgen hält eine Rose in der Hand und hebt seinen Schleier; der Tag präsentiert sich mit Zepter und umgeben von Sonnenstrahlen; der Abend ist mit einem Schleier bedeckt und trägt Blumen und einen Olivenzweig, Symbol für den Frieden; die Nacht ist in einen sternbedeckten Mantel gehüllt und trägt eine Fackel vor sich.

IN DER UMGEBUNG

Die Maximen von Joost van den Vondel

In der Passage des Rijksmuseum zeugen mehrere Maximen des Dramaturgen und Dichters Joost van den Vondel (1587–1679) von Cuypers Wunsch, das Volk zu erziehen. So steht hier beispielsweise zu lesen: „Es ist lächerlich für einen verrückten Geistlichen, ohne Flügel fliegen zu wollen", „Mit Worten kann man nichts machen" oder „Zeichnen ist sprechen und schreiben gleichzeitig".

Warum führt in einen Turm des Rijksmuseum eine Wendeltreppe?

Das Dach des Atriums, gefertigt aus Gusseisen und Glas, wurde möglicherweise von dem berühmten Crystal Palace inspiriert, der 1851 in London für die erste Weltausstellung errichtet wurde. Noch drei Jahrzehnte später wurde die Kombination dieser beiden Materialien, die außerdem viel Licht in das Gebäude fallen ließ (das Rijksmuseum erhielt erst 1904 elektrisches Licht), durchaus als modern empfunden. Angesichts ihrer relativen Fragilität vermochte es diese Konstruktion indes nicht, das Gewicht einer allzu dicken Schneeschicht zu tragen. Aus diesem Grund wurde in einem (heute geschlossenen) Turm eine Wendeltreppe eingebaut, sodass man bei Bedarf einfach aufs Dach gelangen und dieses von Schnee befreien konnte.

Ein schalldämmender Kronleuchter

Der Kronleuchter im Eingang des Museums ist ein Geschenk der Firma Philips. Dank einer Konstruktion aus einer „mitteldichten Faserplatte" (Spezialmaterial aus Holz und Harz) ist er in der Lage, nicht nur Licht zu spenden, sondern gleichzeitig auch Geräusche zu absorbieren. Keine schlechte Idee in einem derart großen Atrium.

SYMBOLIK IN DER GROSSEN HALLE DES RIJKSMUSEUM

(14)

Eine symbolische Darstellung des Universums

Große Halle
Rijksmuseum – Museumstraat 1
rijksmuseum.nl
Tramlinien 1, 2 und 5, Haltestelle Rijksmuseum

Kaum jemand weiß, dass die große Halle im ersten Stock des Rijksmuseum von Cuypers, dem Architekten des Museums, als Triptychon des Universums entworfen wurde. Die Bodenmosaike zeigen die irdischen Aspekte des Lebens und die Zyklen, die das menschliche Dasein leiten (besonders jene von Natur, Sonne, Mond und Zeit, symbolisiert durch die Sternzeichen sowie durch Pflanzen und Tiere). Die Ausgestaltung der Decken verweist auf den Himmel und seine Planeten. In den Fenstern und Leinwänden des mittleren Raums finden sich Beschreibungen von Episoden aus der niederländischen Geschichte. Doch sind in dieser Komposition, die durchaus komplexer ist, als es auf den ersten Blick scheinen mag, vor allem andere Details von Interesse. So findet sich auf dem Boden auf der westlichen Seite eine Darstellung der vier Elemente: Der Elefant symbolisiert die Erde, der Fisch das Wasser, der Vogel die Luft und der Salamander das Feuer. Rund um diese Figuren stehen die Blume (Frühling), die Ähre (Sommer), die Trauben (Herbst) und der Efeu (Winter) symbolhaft für die vier Jahreszeiten. Im Zentrum der Halle verweisen die griechischen Buchstaben Alpha und Omega als kosmisches Symbol auf Anfang und Ende des Universums. Umgeben von den Tierkreiszeichen stehen sie für Ewigkeit und Perfektion, während die diese umgebenden wellenförmigen Kreise auf die vier Flüsse des Paradieses anspielen. In den vier Ecken repräsentieren Venus (dargestellt als Taube), Jupiter (in Form eines Adlers) sowie Sonne und Mond den Himmel. Am

östlichen Ende des Saals stößt man dann erneut auf den Lebenszyklus des Menschen, dargestellt als Kind, Jugendlicher, Erwachsener und alter Mann. Das Vergehen der Zeit verkörpern vier Tiere: Hahn (Morgen), Biene (Tag), Eule (Abend) und Fledermaus (Nacht).

IN DER UMGEBUNG

Der Finger in der Passage am Rijksmuseum (15)

In der Passage des Rijksmuseum ist an einer Säule auf südlicher Seite ein goldener Finger zu sehen. Dieser stammt aus einer Zeit, als hier noch Kutschen fuhren. Auch diese mussten sich damals an geltende Verkehrsregeln halten, wie die Inschrift „*inrijden*", „einfahren" (also hier: „rechts halten") nahelegt.

Die Davidsterne in der Ehrengalerie 

Ehrengalerie des Rijksmuseum – Rijksmuseum – Museumstraat 1
rijksmuseum.nl
Täglich, 9–17 Uhr
Tramlinien 1, 2 und 5, Haltestelle Rijksmuseum

Auf den Säulen und an der Decke der Ehrengalerie des Rijksmuseum finden sich mehrere Hexagramme. In der zeitgenössischen Tradition wird dieses Symbol heute mit dem Davidstern (auch „Schild Davids") und damit dem Judentum assoziiert. Dabei handelt es sich eigentlich um ein sehr altes Bildzeichen, das Cuypers, dem Architekten des Museums, besonders gefiel (s. folgende Doppelseite).

Verborgene Symbolik des Sechssterns

Das Hexagramm, auch Sechsstern oder Davidstern genannt, wird aus zwei ineinander verwobenen gleichseitigen Dreiecken gebildet, die für die spirituelle und menschliche Natur des Menschen stehen.

Seine sechs Zacken entsprechen den sechs Richtungen des Raums (Norden, Süden, Osten, Westen, Zenit, Nadir) und symbolisieren die sechs Tage der Schöpfung; am siebten Tag ruht der Schöpfer. In diesem Kontext ist das Hexagramm zum Symbol des Makrokosmos (seine sechs 60-Grad-Winkel ergeben in der Summe 360 Grad) und der Einheit des Menschen mit seinem Schöpfer geworden. Gemäß den Vorgaben des Alten Testaments (Dtn 6,4–8) findet sich das Hexagramm häufig auf der traditionellen jüdischen Mesusa, einer am Türpfosten befestigten Schriftkapsel. Doch auch Christen und Muslime verwendeten es oft als Amulett. Im Koran (38:32 ff.) und in den *Erzählungen aus Tausendundeiner Nacht* ist es als unzerstörbarer Talisman präsent, der einem zum Segen Gottes verhilft und vor den Geistern der Natur (Dschinn) schützt. Ebenso häufig findet es sich auf den Fenstern und Giebeldreiecken christlicher Kirchen, gleich einem symbolischen Verweis auf die universelle Seele, die hier durch Jesus bzw. durch Jesus (oberes Dreieck) und Maria (unteres Dreieck) gemeinsam dargestellt wird. Beide sind eng miteinander verschlungen und bilden im Ergebnis den Allmächtigen ewigen Vater. Oft findet man das Hexagramm auch abgewandelt als sechszackigen Stern und sechsblättrige Rosette.

Das Hexagramm findet sich zwar in der Synagoge von Kafarnaum (3. Jh.); in der rabbinischen Literatur, genauer gesagt im *Eschkol Hakofer* des karäischen* Weisen Judah Hadassi, taucht es jedoch erst 1148 auf. In Kapitel 242 erhält es einen mystischen, beschützenden Charakter; häufig wurde es in Amulette eingraviert: „Und die Namen der sieben Engel wurden auf die Mesusa geschrieben. Der Ewige schützt dich und dieses Symbol, das ‚Davidschild', enthält am Ende der Mesusa die geschriebenen Namen aller Engel." Im 13. Jahrhundert wurde das Hexagramm zudem zum Attribut

eines der sieben magischen Namen Metatrons, des Engels, der mit dem Erzengel Michael, dem Gott am nächsten stehenden Fürsten der himmlischen Heerscharen, verbundenen Präsenz. Die Identifikation des Judentums mit dem Davidstern begann im Mittelalter. 1354 gestand König Karl IV (Karel IV.) der jüdischen Gemeinschaft von Prag das Privileg zu, ihre eigene Fahne zu führen. Die Juden entwarfen daraufhin ein goldenes Hexagramm auf rotem Grund, genannt *Magen David* – „Schild Davids", das zum offiziellen Symbol für Synagogen der jüdischen Gemeinschaft allgemein wurde. Im 19. Jahrhundert war dieses Symbol weit verbreitet.
Die jüdische Mystik sah den Ursprung des Hexagramms direkt in den Blumen, welche die *Menora*** in Form einer Lilie mit sechs Blütenblättern zieren. Ihre Anhänger glaubten daran, dass es direkt aus den Händen des Gottes Israels stammte; die Lilie mit ihren sechs Blütenblättern gleicht in ihrer Form dem Davidstern und wird im Hohelied Salomons auch mit dem Volk Israel gleichgesetzt. Neben seiner beschützenden Funktion soll das Hexagramm auch über magische Kräfte verfügen: Dieser Glauben geht auf den *Schlüssel Salomons* (*clavicula salomonis*) zurück, eine Reihe von magischen Schriften, die König Salomon zugeschriebenen werden. Vermutlich stammen sie jedoch aus dem Mittelalter, wahrscheinlich aus einer der vielen kabbalistischen Schulen, die es seinerzeit in Europa gab. Der Text ist klar von den Lehren des Talmud und der jüdischen Kabbala inspiriert. Er umfasst 36 Pentakel (voller magischer bzw. esoterischer Bedeutung), über die eine Verbindung zwischen der irdischen Welt und den Ebenen der Seele hergestellt werden können soll. Von dem Text gibt es verschiedene Fassungen und Übersetzungen, deren Inhalt zum Teil stark variiert. Die meisten der heute noch vorhandenen Originalschriften stammen, neben einer griechischen Übersetzung aus dem 15. Jahrhundert, aus dem 16. und 17. Jahrhundert.
Auch im Buddhismus und Hinduismus in Tibet und Indien wird das universelle Symbol des Hexagramms verwendet. Hier gilt es als Symbol des Schöpfers und der Schöpfung, für die Brahmanen ist es das Zeichen des Gottes Vishnu.

* Qarajm *oder hebr.* bnei mikra*: „Söhne der Schriften". Die karäische Religionsgemeinschaft ist ein Zweig des Judentums, der einzig die hebräischen Schriften als Quelle der göttlichen Offenbarung anerkennt.*

*** Menora: siebenarmiger Leuchter, dessen Arme auf die sieben Geister vor dem Thron verweisen: Michael, Gabriel, Samael, Raphael, Zedekiel, Anael und Kassiel.*

ART-NOUVEAU-KERAMIKEN IM *HOTEL ATLAS*

17

Art nouveau in Amsterdam

Hotel Atlas
Van Eeghenstraat 64

Das einstige Stadtpalais wurde 1903 nach den Entwürfen des Architekten Joseph Herman erbaut. Heute beherbergt es das *Hotel Atlas*, dessen Fassade, sowie die mehrerer umliegender Häuser, kunstvolle Keramiktafeln zieren. Nicht nur straßenseitig, sondern auch aufseiten des Parks sind diese abends beleuchteten Arbeiten unbedingt sehenswert. Die Keramiken der ersten Villa in der Nr. 66 stammen von Bert Nienhuis und zeigen exotische Themen wie gelbe Kapuzinerblüten (Symbol Ostindiens) und von Seerosen umrankte Marabus. Auf der Tafel links steht „Lotus" geschrieben, ein Verweis auf die Fabrik, in der die Keramiken hergestellt wurden. An der Seite befinden sich zwei weitere schöne Tafeln mit einem ebenfalls von stilisierten Seerosen umgebenen Pfau und einer Frauengestalt. Am benachbarten Haus Nr. 64 ziehen vier orientalische Porträts den Blick auf sich. Das Dekor von Haus Nr. 62 ist weniger gut erhalten, doch die floralen Motive aus exotischen violetten Blüten sind gleichwohl noch heute gut zu erkennen.

Zum ganz legalen Liebesspiel in den Vondelpark

Das niederländische Wort *cruisen* hat nichts mit einem Bootsausflug zu tun, sondern bedeutet schlicht, sich an einem öffentlichen Ort dem Liebesspiel hinzugeben. Da Sex im Vondelpark eine ohnehin relativ weit verbreitete Beschäftigung ist, hat die Stadt verfügt, die Sache zu legalisieren und unter bestimmten Bedingungen – Einhaltung der vorgesehenen Uhrzeiten, nicht auf Spielplätzen und nur, wenn sich keine Kinder mehr im Park befinden – zu erlauben. „*Doing it in the park, doing it after dark*" („Macht es im Park, aber macht es im Dunkeln"). Kondome dürfen keine hinterlassen werden und auch Prostitution und Exhibitionismus sind freilich verboten. Einer jüngeren Umfrage über Belästigungen im Vondelpark zufolge stören freilaufende Hunde die Besucher des Parks mehr als der öffentliche Sex. So steht also zu erwarten, dass die Verwaltung bald strenger gegen Hunde ohne Leine vorgehen wird.

POLIZEISTATION IM STADTTEIL OUD ZUID ⑱

Die alte Pferderemise der Straßenbahn

Politiebureau
Koninginneweg 29–31

Die Polizeistation im Stadtteil Oud Zuid („Alt-Süd") ist in einem schönen Gebäude untergebracht, in dem früher die Tramlinie 2 endete (noch früher diente es als kleines Rathaus, das 1893 von Adolf von

Gendt errichtet wurde).

Die beiden großen Einfahrtsöffnungen sind bis heute erhalten. Sie sind besonders hoch, um auf der einen Seite Zugang zum Tramschuppen und auf der anderen zu den Stallungen für die Zugpferde zu bieten. Bis zu 81 Pferde fanden hier Platz und wurden gestriegelt und gefüttert. Auch die Wagen der Straßenbahn wurden hier gereinigt. Das Gebäude lag damals noch vor den Sümpfen am Stadtrand. Die Tram endete daher natürlicherweise an diesem Punkt; die Remise bildete den Endhalt. Zu Beginn des 20. Jahrhunderts begann die Elektrifizierung der Straßenbahnen. Pferdeställe wurden in der Folge nicht mehr benötigt. Während das Gebäude selbst 1933 zu einer Wache der berittenen Polizei umfunktioniert wurde – die Pferde auf einer Seite, die Wachmänner auf der anderen –, blieb die Endhaltestelle bis zur Verlängerung der Linien 1948 erhalten.

Heute sind die großen Tore durch Glastüren verschlossen. Das Kommissariat ist noch immer vorhanden.

> Die Tram wird bei der Einfahrt in den Koninginneweg ordentlich durchgerüttelt. Das liegt daran, dass sie auf diesem Teilstück dem Verlauf des alten Binnendijk-Deichs folgt.

IN DER UMGEBUNG

Die Palme in der Koningslaan 

Koningslaan 16

In Amsterdam herrscht nicht selten ein eher raues Klima, sodass man exotische Pflanzen meist vergebens sucht. Die Koningslaan jedoch mit ihrer eher breiten Anlage und ihren niedrigen Gebäuden lässt ausreichend Sonne in die Straße, damit an der Südfassade eine schöne Chinesische Hanfpalme gedeiht, die Temperaturen bis -15 °C standhält.

VAN EYCKS STRUKTURALISTISCHES WAISENHAUS

⑳

Eine Quelle der Inspiration für Schulbauten in aller Welt

IJsbaanpad 3

Von 1960 bis 1991 ersetzte das Burgerweeshuis das alte städtische Waisenhaus im Stadtzentrum. Erbaut in den Jahren 1959/60 im Stil des Strukturalismus, präsentierte der Architekt Aldo van Eyck (1918–1999) in seinem Entwurf eine moderne Interpretation traditioneller

afrikanischer Dörfer. Nach seiner endgültigen Schließung 1991 blieben die früheren Kinderzimmer erhalten und wurden zu Büros umgebaut.

Im Jahr 1955 begann van Eyck, erste Entwürfe für ein neues Kinderheim zu zeichnen. Inspirieren ließ er sich dabei unter anderem von seinen Schulhäusern in Nagele, einem Anfang der 1950er-Jahre auf dem Reißbrett entstandenen und auf Poldern errichteten Dorf. Entgegen dem damaligen Zeitgeist errichtete der Architekt dort 328 einstöckige, um kleine Innenhöfe herum angelegte Wohneinheiten, die van Eyck nach dem Vorbild afrikanischer Hütten gestaltete, mit quadratischem Grundriss (Seitenlänge 3,36 m) und Kuppeldächern aus Beton.

Neben der innovativen Bauweise wird deutlich, dass van Eyck die Gesamtkonzeption von Waisenhäusern an sich durch Einführung strukturalistischer Leitbilder zu revolutionieren gedachte. Seiner Auffassung nach sollten die 125 Kinder, die in dem Komplex lebten, sowohl als Individuen als auch als Gruppe verstanden werden. Nicht zuletzt deshalb gilt van Eycks Burgerweeshuis als Prototyp des Strukturalismus, der in der Folge für Schulbauten in aller Welt als Inspirationsquelle diente.

Der Strukturalismus

Der Strukturalismus ist eine geistige Strömung des 20. Jahrhunderts, in der es darum geht, das Verhältnis zwischen den Elementen eines Systems und dem System selbst zu analysieren. Als Vorbild dient der Bienenstock mit seiner Wabenstruktur und der internen Organisation, die diese dem Bienenvolk vorgibt.

DIE FREILUFTSCHULE

21

Lernen an der frischen Luft

1e Openluchtschool voor het Gezonde Kind
Cliostraat 36–40

Die 1930 von dem Architekten Johannes Duiker erbaute *Openluchtschool* („Freiluftschule") liegt etwas versteckt in einem Hof hinter der Cliostraat. Das Gebäude fügt sich perfekt in den Plan des von Hendrik Berlage entworfenen Nieuw Zuid ein und ist ein schönes Beispiel für den Stil des Nieuwe Bouwen („Neues Bauen"), das in den Jahren 1920–1940 seinen Höhepunkt erlebte. Johannes Duiker zählt zu den Hauptvertretern der niederländischen funktionalistischen Architektur der Zwischenkriegszeit. Beeinflusst von Frank Lloyd Wright und Le Corbusier beschwor diese eine avantgardistische Baukunst für eine utopistische Gesellschaft, die zum Kennzeichen der niederländischen Architektur werden sollte. Die Freiluftschule ist als funktionales Gebäude konzipiert. Der Akzent liegt dabei auf dem Gedanken, dass die Architektur einen Beitrag zur Hygiene als unabdingbare Voraussetzung für das körperliche Wohlbefinden leisten kann. Für Duiker besitzt die Architektur mindestens ebenso viel Einfluss auf das schulische Gelingen wie die Lehrmethoden. Der von den großen Transatlantikkreuzern inspirierte Bau ist licht- und luftdurchströmt und überrascht mit seiner schlichten Formensprache, ein halboffener Kubus mit geraden Linien und ohne verwinkelte Ecken, in denen sich Staub und Milben einnisten könnten.

Im Erdgeschoss des Hauptgebäudes befinden sich ein Klassenzimmer und eine Turnhalle. In den oberen Stockwerken liegen je zwei nach Süden ausgerichtete Klassenzimmer sowie ein zusätzlicher Bereich für den Unterricht im Freien. Die Dachterrasse bietet ebenfalls Platz für eine Stunde an der frischen Luft. Während jedoch das 1925 von Duiker entworfene Sanatorium in Hilversum für Kranke errichtet wurde, war die Freiluftschule die erste ihrer Art speziell für gesunde Kinder. Daher auch ihr offizieller Name: Openluchtschool voor het Gezonde Kind („Freiluftschule für das gesunde Kind"). Heute beherbergt das inzwischen denkmalgeschützte Gebäude noch immer die Eerste Openluchtschool.

DENKMAL FÜR NIEDERLÄNDISCH-INDIEN

(22)

Eines von nur wenigen Symbolen aus der Kolonialzeit

Monument Indië Nederland – Olympiaplein

Das Denkmal für Niederländisch-Indien ist eines von nur wenigen Symbolen aus der Kolonialzeit und schon die Namensänderung des Monuments (s. u.) zeugt davon, wie sehr sich der gesellschaftliche Blick

auf die Kolonialgeschichte des Landes im Laufe der Zeit verändert hat.

Das heutige Indonesien wurde 1596 von Cornelis de Houtman entdeckt, einem Kapitän der Niederländischen Ostindien-Kompanie (VOC, s. S. 21). Schnell entwickelte sich zunächst der Hafen von Bantam, später der Hafen von Batavia, dem heutigen Jakarta (das Generalgouverneur Jan Pieterszoon Coen 1619 den Engländern streitig machte), zum Zentrum des Handels. Mit dem Untergang der VOC gingen alle Schulden und Besitztümer auf das Königreich Holland über.

Generalgouverneur Johannes van den Bosch nutzte seine Erfahrungen aus Westindien, um von Sklaven Zuckerrohrplantagen anlegen zu lassen. Diese neue Form der Kolonisation erwies sich als äußerst rentabel, sodass 1830 mit der KNIL (*Koninklijk Nederlands-Indisch Leger*; „Königliche Niederländisch-Indische Armee") eine eigene Armee ins Leben gerufen wurde, um den gesamten Archipel in Besitz zu nehmen. Dieses Vorhaben wurde denn auch gewaltsam in die Tat umgesetzt, vor allem im Aceh-Krieg auf Sumatra (1873–1903), in dem General J. B. van Heutsz, Kommandant der KNIL, sich durch seine „Befriedungs"-Bemühungen auszeichnete. 1904 wurde van Heutsz zum Generalgouverneur von Niederländisch-Indien ernannt. Er starb 1924 in der Schweiz. Drei Jahre nach seinem Tod wurde er in Amsterdam auf dem Ostfriedhof beigesetzt. Da seine Grabstätte günstiger war als gedacht, beschloss man kurzerhand, ihm mit dem Rest des Geldes ein Denkmal zu errichten. Aufgrund der ambivalenten Rolle van Heutsz' in der Kolonialzeit rief das Vorhaben, ihn in Amsterdam mit einem Denkmal zu ehren, starke Proteste seitens von Kommunisten und Sozialdemokraten hervor. Allen Kontroversen zum Trotz wurde das Werk von Frits van Hall am 15. Juni 1935 eingeweiht. Hauptbestandteil des Denkmals ist eine 18,7 Meter hohe Gedenksäule. Auf der Vorderseite findet sich eine Allegorie der Gerechtigkeit in Form einer von zwei Löwen flankierten Frauenfigur, die eine Gesetzesrolle in Händen hält.

Ein Denkmal mit geändertem Namen

Immer wieder kam es, nachdem Taten der Königliche Niederländisch-Indische Armee (KNIL) als Kriegsverbrechen anerkannt wurden, zu Kontroversen um dieses Denkmal. 2004 schließlich wurde es nach seiner Sanierung in Monument Indië-Nederland („Monument Indien–Niederlande") umbenannt. Alle Verweise auf van Heutsz wurden, mit Ausnahme einer Tafel mit seinem Porträt, entfernt.

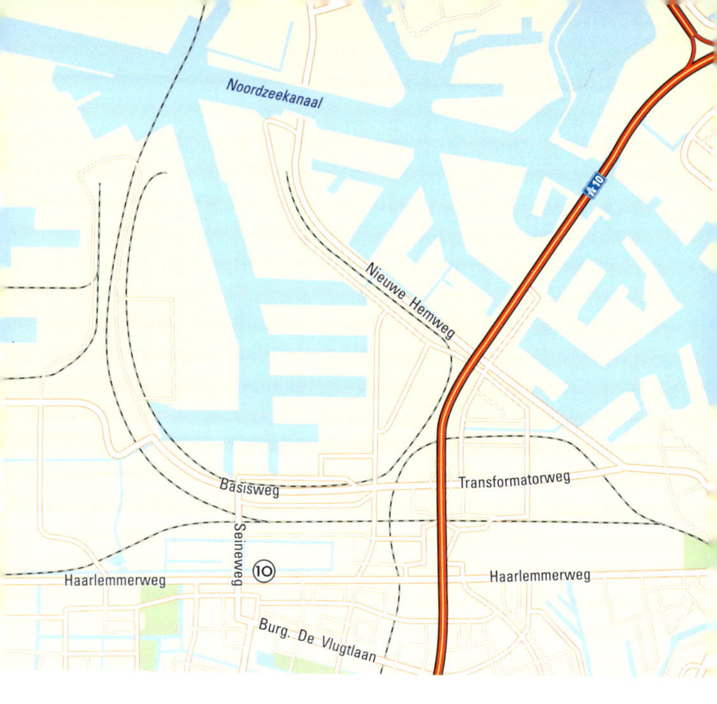

Außerhalb des Zentrums – Norden

Middenweg
A 10
Slochterweg
Ijdoornlaan
Klaprozenweg
Leeuwarderweg
Flora Park
W. H. Vliegenbos
Nieuwe
Het IJ
De Ruyterkade
A 10

DAS ZONNEHUIS

Ein eindrucksvolles Gebäude im Stil der Amsterdamer Schule

t'Zonnehuis, Zonneplein 30
020 520 0090 – stadsherstel.nl/en/eventlocatie/t-zonnehuis

Trotz seines monumentalen Äußeren und der stadtnahen Lage ist t'Zonnehuis („das Sonnenhaus") ein weniger bekanntes Beispiel für den Stil der Amsterdamer Schule. Das Gemeindezentrum, erbaut 1932 durch den Architekten Jo Mulder, diente insbesondere der Begrüßung neuer Bewohner der Gartenstadt Oostzaan, zumeist Arbeiter der NDSM-Werften. Dem damaligen Zeitgeist entsprechend, erfolgte die Bildung der Arbeiterklasse über kollektive kulturelle Aktivitäten, die in Gemeinschaftsräumen wie diesem angeboten wurden. Im Kontext der Finanzkrise der 1930er-Jahre hatten die Bauten zudem den Vorteil, dass sie Arbeitslosen aus der Umgebung Beschäftigung boten.

Das Zonnehuis ist in seinen Dimensionen besonders beeindruckend. So beherbergt das T-förmige Gebäude unter anderem einen Saal für 700 Personen, in dem verschiedenste Veranstaltungen stattfanden, von Theateraufführungen über Konzerte bis hin zu Boxkämpfen*. Architektonisch gesehen, rührt die monumentale Wirkung des Gebäudes vor allem von den hohen Decken und der breiten Steintreppe hinauf zu den Eingangstüren her. Das Backsteingemäuer, die schmalen Fenster sowie die Typografie der Fassadeninschrift zeichnen das Zonnehuis als perfektes Beispiel des Stils der Amsterdamer Schule aus.

Trotz seines unumstrittenen historischen Werts entging das Gebäude 1993 nur knapp dem Abriss, und erst 2002 wurde der Theatersaal in seinem ursprünglichen Dekor wiederhergestellt. Seitdem finden im „Sonnenhaus" regelmäßig Ausstellungen und Musikabende statt.

** Bis heute wird hier die Qualifikation für das Boxturnier Ben Bril Memorial zu Ehren des großen niederländischen Boxers und Teilnehmers der Olympischen Spiele von 1928 ausgetragen.*

IN DER UMGEBUNG

Eine Arbeiterwohnung aus den 1920er-Jahren ②

Museumwoning Tuindorp Oostzaan, Meteorenweg 174
020 633 49 76
historischarchief-toz.nl/Museumwoning
Jeden zweiten Sonntag im Monat von 11 bis 17 Uhr oder auf Reservierung

Wer mehr über die aus heutiger Sicht wenig beneidenswerten Lebensbedingungen von Arbeitern in den 1920er-Jahren erfahren möchte, kann dies bei der Besichtigung einer originalgetreu erhaltenen Wohnung tun. Im Wohnzimmer gezeigte alte Filme runden die kleine Ausstellung ab.

DIE ALTEN HÄUSER VON BUIKSLOOT

③

Wie durch ein Wunder bis heute erhaltene Häuser

Buikslooterdijk, von Haus Nr. 138 bis zum Ende der Straße

Das beschauliche Buiksloot entstand im 15. Jahrhundert auf dem Waterlandse Zeedijk, einem Deich, der das Gebiet nördlich des IJ vor dem Meer schützte. In den einfachen Holzhäusern der Siedlung lebten Landarbeiter und Fischer.

Später entwickelte sich Buiksloot zu einem wichtigen Verkehrsknotenpunkt: Nachdem Amsterdam mit der Fähre bereits zu erreichen war, wurde 1622 auch eine Straße nach Purmerend gebaut. 1660 entstand eine Fährstraße zum Nordhollandkanal (*Noordhollandsch Kanaal*), die 1825 erweitert wurde. 1921 wurde der Ort administrativ nach Amsterdam eingemeindet. Im Jahr 1965 schließlich mussten weite Teile des Deichs für eine Neuorganisation des nördlichen Stadtverkehrs weichen. Auf den einst hinter dem Deich gelegenen Poldern entstand das Wohnviertel Banne.

Interessanterweise blieben einige der alten Häuser von Buiksloot von diesem Wandel unberührt, insbesondere die Nummern 138, 174, 194, 200, 204, 214, 224, 280, 284, 330, 340, 390 und 402. Einige von ihnen verfügen noch über ihr hölzernes, auf einem Mauersockel ruhendes Grundgerüst aus dem 18. Jahrhundert sowie bunte Glockengiebel.

IN DER UMGEBUNG

Die zwei Pumpstationen von Kadoelerbreek (4)

Landsmeerderdijk 138

Die zwei Pumpstationen von Kadoelerbreek befinden sich am früheren Standort einer alten Mühle, die Wasser aus dem Polder extrahierte, indem sie dieses von einem Graben in den nächsten nach oben pumpte. 1875 wurde diese mechanische Vorrichtung durch eine gemauerte, dampfmaschinenbetriebene Pumpstation ersetzt. Die neue 1987 in Betrieb genommene Anlage funktioniert elektrisch.

Die Deichpappeln

Pappeln sind schnell wachsende Bäume, die bis zu 40 Meter Höhe erreichen und bis zu 200 Jahre alt werden können. In den Niederlanden sind sie oft auf Deichen zu finden, wo sie einen wirksamen Beitrag zum Hochwasserschutz leisten: Eine Pappel verbraucht rund drei Liter Wasser pro Tag und Zentimeter Stammdurchmesser.

SCHOONSCHIP

Ein nachhaltiges Wohnviertel auf dem Wasser

Johan van Hasseltkanaal
Amsterdam-Noord
Fähre vom Hauptbahnhof in Richtung Buiksloterweg

Die Bewohner der 46 Häuser in der Wohnanlage Schoonschip waren schon befreundet, bevor sie Nachbarn wurden. Die meisten der heutigen Eigentümer standen mehr als zehn Jahre lang in engem Kontakt, während sie sich um Genehmigungen für den Bau ihrer Häuser auf 30 Wasserparzellen bemühten. Die meisten der Häuser sind aus Holz gebaut und speichern dadurch Treibhausgase; manche wurden auch aus energieintensiveren Materialien wie Beton errichtet. Die Bewohner der Anlage legten beim Bau ihrer Häuser insgesamt großen Wert auf erneuerbare Materialien; die (40 Zentimeter dicken) Außenmauern eines der Häuser sind mit Stroh isoliert, was sich als gute Investition für die Zukunft erwies.

Bei der Lage der Häuser achtete man mit Blick auf die 500 Photovoltaik-Module auf den (zu einem Drittel begrünten) Dächern auf eine möglichst sonnenorientierte Ausrichtung. Außerdem verfügt jedes Haus über eine solare Warmwasserbereitungsanlage, einen Batteriespeicher und eine Wärmepumpe, die das Gebäude mittels Wassers aus dem Kanal beheizt.

Ein Thermostat gehört ebenso zur Ausstattung wie ein Kalt- und Warmwasserspeicher für Brauchwasser zum Gießen oder Duschen. Die Öko-Toiletten verbrauchen wenig Spülwasser und führen das Abwasser über eine zusätzliche Leitung in einen Tank, in dem es fermentiert und nach Abscheidung von Schadstoffen in der quartiereigenen Biogasanlage verwertet wird. In den Küchen können Grünabfälle direkt gehäckselt und ebenfalls zur Erzeugung von Biogas und vor allem Phosphat zur Herstellung von Dünger verwendet werden. Aus dem Biogas wird Elektrizität für den Hausgebrauch oder als Kraftstoff gewonnen. Die Strom- und Wasserleitungen sind in den Stegen untergebracht. Als Nächstes wollen die Anwohner einen gemeinsamen Fahrrad- und Elektroautopark aufbauen und einen eigenen Biogemüsegarten anlegen.

DAS BRÜCKENHAUS VON NIEUWENDAM

⑥

Eine Gartenstadt im Stil der Amsterdamer Schule

Tuindorp Nieuwendam
Poortwoning, Purmerplein

Das Brückenhaus am Purmerplein in der Gartenstadt Nieuwendam ist nicht nur aus architektonischer, sondern auch aus sozioökonomischer Sicht von Interesse. Die Zeit zwischen den beiden

Weltkriegen war die Zeit der Gartenstädte (*tuindorpen*), deren Sinn und Zweck darin bestand, Arbeitern ein angenehmes und günstiges Leben zu ermöglichen.

Die Idee für diese Städte entstand Ende des 19. Jahrhunderts in England* und erfasste schnell auch die Niederlande. Ab 1909 begann die Amsterdamer Stadtverwaltung nach englischem Vorbild, jenseits des IJ, in der Nähe der großen Werften, Arbeiterwohnungen zu planen. Durch den Ausbruch des Ersten Weltkriegs verzögerte sich das Programm, der Startschuss fiel letztlich erst Anfang der 1920er-Jahre. Zwischenzeitlich hatten nach den Überschwemmungen von 1916 mehrere Ortschaften um die Eingliederung nach Amsterdam ersucht. In diesen neuen Vierteln kam das Bauvorhaben letztlich zur Umsetzung.

So geschah es, dass die 1921 nach Amsterdam eingemeindete Ortschaft Nieuwendam zwischen 1923 und 1927 umgestaltet und 1934 erweitert wurde. Berend Boeyinga, Urbanismusbeauftragter der Stadt, plante sein Brückenhaus als Gemeinschaftszentrum. Die Architektur des Gebäudes geht wie in der gesamten Tuindorp Nieuwendam auf den Kanon der Amsterdamer Schule zurück: Die mit kleinen Fenstern durchsetzte Backsteinfassade schafft hier einen geschlossenen Raum rund um einen zentralen Platz, der den Lebensmittelpunkt des Viertels bildet. In ihrem Stil sind die Gebäude (roter Backstein, weiß getünchte Holzfassaden) subtil von jenen der benachbarten Stadt Zandaam inspiriert.

Die Gartenstadt umfasst rund 300 Denkmäler, darunter die sehenswerten Häuser im Purmerweg (denkmalgeschützt) und das eindrucksvolle Ehrenmal an der Ecke Volendammerweg/ Monnikendammerweg.

* *Die Idee wurde insbesondere von Ebenezer Howard in seinem 1898 erschienenen Werk* To-morrow: A Peaceful Path to Real Reform *entwickelt.*

Die Amsterdamer Schule

Die als Amsterdamer Schule bekannte Architekturbewegung entstand Anfang des 20. Jahrhunderts. Die Strömung, die sich in der Nähe von Expressionismus und Art déco bewegt, basiert auf der Architektur von Hendrik Berlage. Kennzeichen der Amsterdamer Schule sind exotische Motive sowie ein auffälliges Dekor in Form von Flach- und Hochreliefs. Die Strömung spielt mit Backstein, der horizontal und vertikal, in roter oder gelber Färbung und in ungewöhnlicher Rundform Verwendung findet. Die Mauern sind von kleinen Öffnungen durchbrochen. Die 1903 eröffnete Börse am Damrak ist das erste von Berlage realisierte Gebäude. Sie gab den Startschuss für eine neue stilistische Periode einer Reihe von Architekten, die nach einem neuen Ideal strebten. Als erster Bau im Stil der Amsterdamer Schule gilt das Scheepvaarthuis („Schifffahrtshaus"). Die Entwürfe stammten von J. M. van der Mey, für die technische Ausführung zeichneten die Brüder van Gendt verantwortlich, das Außen- und Innendekor führten P. L. Kramer und M. de Klerk aus. Die vollständige Harmonie zwischen Innen und Außen ist eines der kennzeichnenden Merkmale aller Gebäude dieses Stils. Um 1900 gab die Gemeinde bei Berlage einen städtebaulichen Erweiterungsplan für Amsterdam-Süd in Auftrag. 1915 legte dieser seinen *Plan Zuid* („Plan Süd") vor: Darin stellte er das Ideal einer neuen Gesellschaft ohne Klassen und Hierarchien in den Vordergrund und schlug vor, Arbeitern Zugang zu Kunst und Kultur zu ermöglichen, indem alle Bauwerke, die sich in der Nähe ihrer Wohnungen befanden, wie etwa Brücken, durch Skulpturen geschmückt werden sollten. Ganz in diesem Sinne rückte er die Bibliotheken ins Zentrum des Viertels und reduzierte die Anzahl der Fenster, um mehr Raum für dekorative Elemente wie Flachreliefs an den Außenmauern zu lassen. Berlage hatte in der Schweiz studiert und stand in Kontakt mit Baron Haussmann in Paris. Er übernahm von ihm die breiten Hauptstraßen und die T-Kreuzungen. Außerdem forderte er, dass der gesamte *Plan Zuid* in einem Zug umgesetzt wurde, unter Aufsicht einer Ästhetik- und einer Silhouettenkommission, die die Straßenprofile, die Fassadenhöhen und die Dachneigungen kontrollieren sollte. Seine Wohnblöcke umfassen in der Regel vier Etagen. Alle sind aus demselben Material, und doch ist jede Straße anders: Die Churchill-laan beispielsweise (s. rechts) zeichnet sich durch große Vielfalt in der Gestaltung der Eingänge und Straßenecken aus. Die meisten dieser monumentalen Wohnblöcke, die an und für sich sehr unterschiedlich aussahen und jeweils einen ganz eigenen Charakter aufwiesen, verfügten in der Mitte über einen öffentlichen Garten.

In den Baumaterialien und Fenstern finden sich viele dekorative Elemente wie geometrische Motive, Parabeln und Trapezformen. Innerhalb von 20 Jahren entstanden Hunderte von Gebäuden und Tausende von Wohnungen, meist von hoher Qualität und in einer erstaunlichen Verbindung von Einheit und Vielfalt.

NIEUWENDAMMERDIJK ⑦

Überreste eines mittelalterlichen Deichdorfs

Nieuwendammerdijk 72 bis 359

Die im 14. Jahrhundert entstandene Gemeinde Nieuwendam schrammte einige Male knapp an ihrem Untergang vorbei. Nachdem sie 1573 von den Spaniern dem Erdboden gleichgemacht worden war, ereilten sie mehrere dramatische Überschwemmungen, denen sie im Übrigen auch ihren Namen verdankt: Im Jahr 1516 wurde nach dem Bruch des alten Damms ein „neuer Damm" – Nieuwendam – gebaut. In dem Ort begegnet einem bis heute der Charme vergangener Zeiten, dem auch die administrative Eingliederung nach Amsterdam 1921 nichts anhaben konnte. Viele Schiffskapitäne im Ruhestand ließen sich hier nieder, um den freien Blick auf die Zuiderzee zu genießen.

Einige Holzhäuser mit grünem Anstrich zeugen noch vom vorindustriellen Zeitalter, als Mühlen zum Sägen von Holz und zum Mahlen von Getreide zum Einsatz kamen. Auf Höhe des Nieuwendammerdijk 253 erinnert der Molenpad mit seinem Namen an acht Windmühlen, die im 18. Jahrhundert an dieser Stelle standen. Heute ist die Straße von hübschen Gärten gesäumt und führt zur Kippenbruggetje („kleine Hühnerbrücke"), die ihrerseits den Zugang zur Gartenstadt Nieuwendam (s. S. 188) markiert.

Durch die Entwicklung des Kornhandels erlebte Nieuwendam im 19. Jahrhundert einen wirtschaftlichen Aufschwung. Während der Hafen der Gemeinde mit dem Hafen von Amsterdam konkurrierte, wurde ein Teil seiner Holzhäuser durch feuchtigkeitsbeständigere gemauerte Bauten ersetzt (ihre Fassaden heben sich durch ihre Glockengiebel oder Friese im Empirestil ab, wie das Haus Nr. 359).

Seit jenem Goldenen Zeitalter wurden mehrere Getreidespeicher zu Wohnungen umgebaut: Im Holzgebäude mit der Nr. 262 etwa befand sich ein großes Warenlager, in den Häusern Nr. 248–250 aus dem Jahr 1886 war das Steinlager Insulinde (eine Bezeichnung für Indonesien) untergebracht. Ein Stück weiter befand sich im Haus Nr. 323 ein kleineres Lager.

Auch in anderen Gebäuden wurden Wohnungen eingerichtet. Dazu gehört ein altes, 1886 errichtetes Krankenhaus in Nr. 300–308. Was ebenfalls überrascht, ist die geringe Größe der früheren Glaubensstätten. Die alte lutherische Kapelle (Nr. 72–74) war vorher ein kleines Fabrikgebäude und wird heute als Wohnhaus genutzt.

Eine Holzkirche in der Nähe (Meerpad 9) erinnert daran, dass der Ort 1843 gerade einmal rund 50 Einwohner zählte.

RIESENMUTTERN AN DEN PFEILERN DES PIRAEUS-GEBÄUDES

8

Fragmente eines Pariser Stadtplans

Zwischen KNSM-laan und Levantkade

Die Ostseite des Piraeus-Gebäudes ruht auf 24 zylinderförmigen Pfeilern, die jeweils aus fünf durch große Muttern miteinander verbundene Elemente zusammengesetzt sind. Entworfen hat die aufgrund ihrer Verbindung zwischen Straße und Wasser auch als Piraeus-Passagen bekannten Pfeiler 1995 Arno van der Mark. Auf jeder der 96 Muttern befindet sich ein Ausschnitt aus dem Stadtplan von Paris, in den der Künstler Fotografien von Denkmälern, bekannten Persönlichkeiten oder Straßen eingefügt hat, die für einen bestimmten Blick auf die Vergangenheit stehen. Zu sehen sind unter anderem die Opéra, der Trocadéro oder der Tour Montparnasse.

IN DER UMGEBUNG

Eine Polizeistation aus den Anfängen des 20. Jahrhunderts (9)

Buiksloterweg 9b

In dem hübschen quadratischen Holzhaus von 1915/16 sind bis heute der Offiziersraum, das Büro des Kommissars, zwei Zellen sowie ein Abstellraum für Fahrräder zu sehen.

ATELIERS IM DE 1800 ROEDEN ⑩

Ein Künstlerzentrum in einem früheren Munitionslager

Joris van den Berghweg 101–113
de1800roeden.nl
Restaurant: April bis September jeweils Freitag bis Sonntag 10–19 Uhr; Oktober bis März Sonntag 11–18 Uhr;
Reservierung unter 020 497 75 06 (hetrijkvandekeizer.nl)

Wer den belebten Haarlemmerweg entlanggeht, stößt irgendwann unweigerlich auf die große Inschrift, die sich über das gesamte Dach einer Reihe von Warenlagern erstreckt: „1800 ROEDEN". Um diesen auf den ersten Blick seltsam anmutenden Namen zu verstehen, müssen wir uns in die Zeit zurückbegeben, in der die Verteidigungslinie der Stadt (die *„Stelling van Amsterdam"*) erdacht wurde. Damals beschloss man, 1800 Ruten (nl. *roeden*; 6780 Meter, s. unten) westlich des Haarlemer Stadttors ein Munitionslager zu errichten.

Der Ausdruck „1800 Roeden" wurde so zur offiziellen Bezeichnung für das zwei Hektar große Gebiet, auf dem heute sechs mit den Buchstaben A bis F gekennzeichnete Backsteingebäude stehen. Die erste Halle (A) war tatsächlich Teil der *stelling* (und ist seit 1998 Teil des UNESCO-Weltkulturerbes). Die übrigen Gebäude entstanden 1940 zum selben Zweck. Lange befand sich in dem Gebäudekomplex ein Artillerielager, bis der Militärstandort 1996 aufgegeben wurde und fortan als Refugium für Künstler und Schauspieltruppen diente. 1996 wurde das Gelände verkauft. Heute untersteht die Anlage der Verwaltung einer Kunst- und Kulturstiftung und beherbergt 40 Ateliers zwischen 15 und 360 Quadratmetern, die an Künstler und Handwerker vermietet werden.

Darüber hinaus verfügt „1800 Roeden" über zwei große Empfangssäle, eine Freiluftbühne für bis zu 150 Personen, die unter größtmöglicher Beachtung des Umweltschutzes angelegt wurde, sowie ein kleines Restaurant, La Cantina, in dem vor Ort angebautes Biogemüse serviert wird.

Begriffsklärung: roe(de) – *„Rute"*

In den Niederlanden wurden bis 1815 Längenmaße aus der Antike wie Finger und Elle verwendet und in der Folge durch das metrische System abgelöst. Während sie im angelsächsischen Raum auch darüber hinaus gebräuchlich blieben, wurden sie in den Niederlanden 1937 formal verboten. Im alten System diente die *roede* (dt. „Rute") Landvermessern als Haupteinheit. Ihre Länge konnte dabei von Stadt zu Stadt variieren. Hier lag die *Rijnlandse roede* (die niederländische rheinische Rute) zugrunde. Sie entsprach 3,767 Metern, im Gegensatz zur *Amsterdamer roede*, die nur 3,68 Meter maß. Neben den Lagerhallen von De 1800 Roeden sind einige weitere Amsterdamer Gebäude nach ihrer Entfernung zu einem bestimmten Punkt benannt, darunter die Mühlen 1100 Roe und 1200 Roe sowie der Hof 1300 Roe.

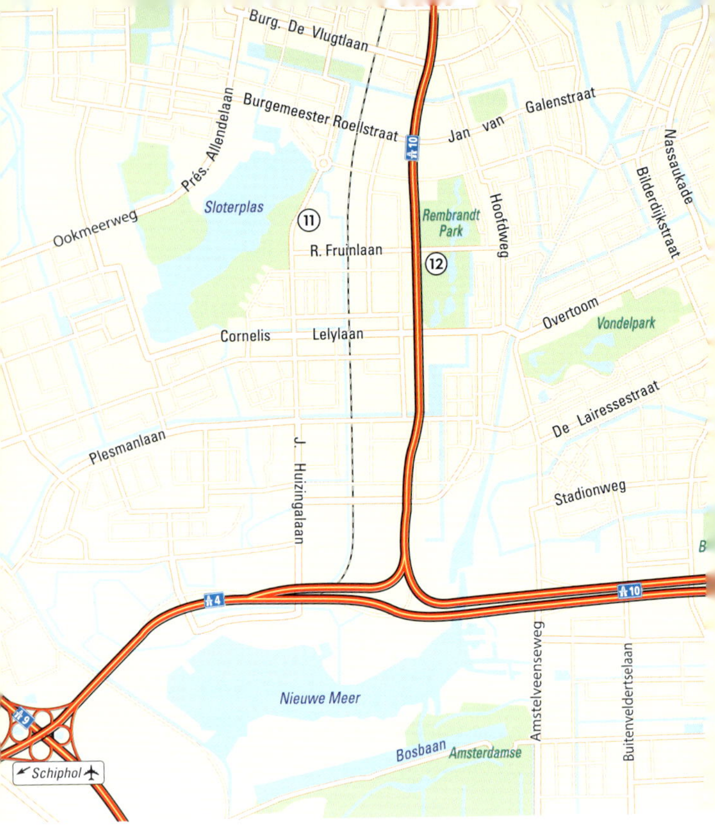

Außerhalb des Zentrums – Süden, Westen, Osten

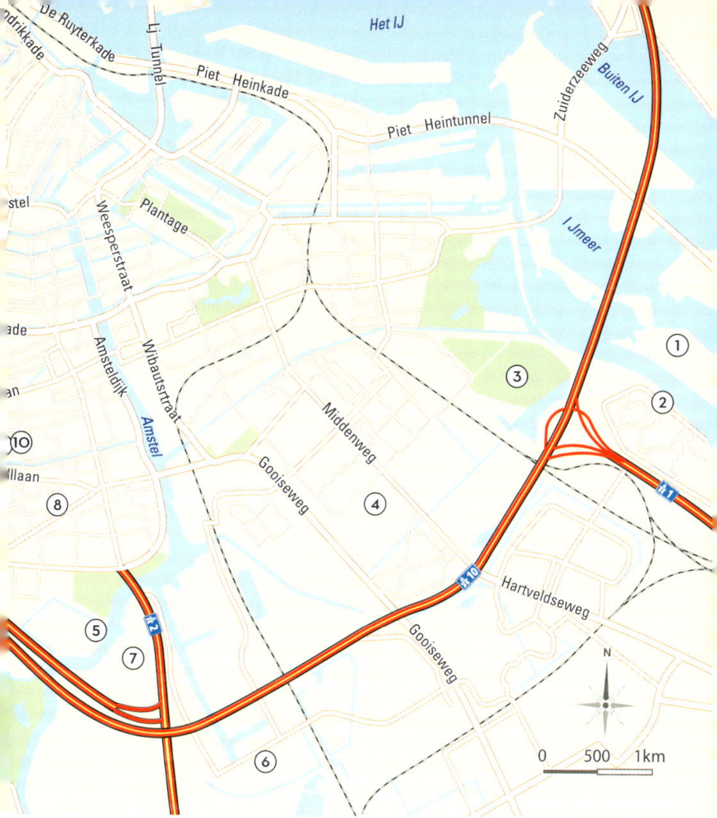

De Ruyterkade
Het IJ
Piet Heinkade
Piet Heintunnel
Zuiderzeeweg
Buiten IJ
Plantage
Weesperstraat
I Jmeer
Amsteldijk
Wibautstraat
Middenweg
Amstel
Gooiseweg
Hartveldseweg
Gooiseweg
A 10
A 1
A 2
1
2
3
4
5
6
7
8
10
N
0
500
1km

DIE BANK *SPACE TO TAKE PLACE* ①

Die längste Bank von Amsterdam

Bert Haanstrakade 30

Der große Boulevard Bert Haanstrakade, benannt nach einem berühmten niederländischen Dokumentarfilmer, verläuft nördlich von IJburg an der See. Hier ist der ideale Ort, um auf einer öffentlichen Bank Platz zu nehmen und nachzudenken. 2008 veranstaltete das niederländische Außenministerium einen Designwettbewerb zur Gestaltung einer 100 Meter langen Bank, von der jeweils ein Tausendstel einer berühmten internationalen Persönlichkeit geschenkt werden sollte. Überreicht wurde das symbolische Geschenk durch die niederländischen Botschaften, die dieses einzigartige Baudenkmal dadurch nicht nur zum Eigentum der Menschen aus dem Viertel, sondern zum Eigentum der ganzen Welt machten.

Der letztlich realisierte Entwurf stammt von Claudia Linders und trägt den Titel *Space to take place*. Die Bank besteht aus einer Vielzahl nebeneinander angeordneter roter Stahlbänder, die das Licht hindurchscheinen lassen. Als Symbol für die Kreativität niederländischen Designs verkörpert sie durch ihren Standort zudem die große Entschlossenheit der Niederlande, dem Meer Land abzutrotzen.

IN DER UMGEBUNG

Ein Flusspferd in einer Schleuse ②

Kreuzung Paul Hufstraat (bzw. Hufkade)/Vennepluimstraat

2004 erhielt der neue Archipel von IJburg sein erstes Kunstwerk: eine lebensgroße Statue eines Flusspferds von Tom Claassen mit dem geistreichen Namen *Rhino*. Für die Ausführung seines sechs Meter langen und drei Meter breiten Dickhäuters entschied sich der für seine großen Tierskulpturen (allen voran die eindrucksvollen Elefanten an der A6 auf Höhe von Almere) bekannte Künstler für Polyurethan, ein Material, das Stöße durch Schiffe beim Durchfahren der Schleuse gut absorbiert. Je nach Pegelstand ist mehr oder weniger von der Skulptur zu sehen.

DAS COMPUTER-MUSEUM ③

Einführung in die Geschichte der Informatik

Universiteit van Amsterdam, Medizinische Fakultät A.M.C.
Science Park 904, Raum B0157a
Besichtigung auf Anfrage unter computermuseum@uva.nl
ub.fnwi.uva.nl/computermuseum/index.html
Für Gruppen (bis 8 Personen) wird ein symbolischer Eintritt verlangt

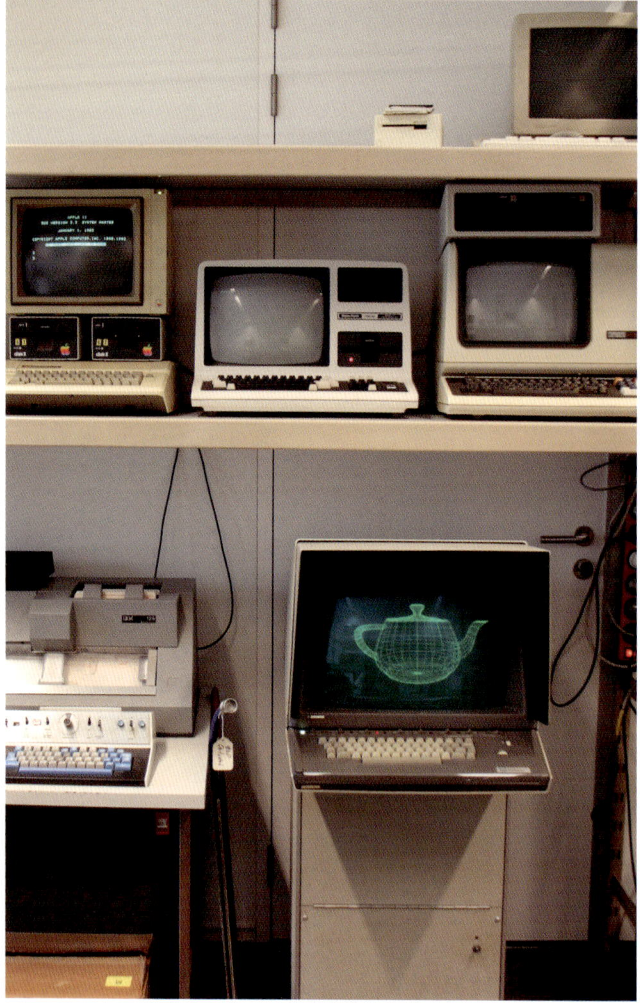

Das 1991 eingerichtete, lauschige Computer-Museum der Universität Amsterdam verdankt seine Existenz einem Team leidenschaftlicher Computerfans unter Leitung des Professors Dr. Edo Dooijes (1936–2017). Der Gründer führte auch nach seiner Emeritierung gern Besucher durch die wirklich außergewöhnliche Ausstellung. In einem großen Raum (der nur ein Prozent der gesamten Sammlung enthalten soll) wird anhand einiger der innovativsten Maschinen ihrer jeweiligen Zeit die Geschichte der Informatik illustriert.

Der älteste Computer des Museums ist ein IBM aus dem Jahr 1948 mit 500 Elektronenröhren. Die komplexeste Berechnung, zu der das Gerät in der Lage war, war das Ziehen der Quadratwurzel. Ebenfalls zu sehen ist mit der PDP-8 von der Digital Equipment Corporation der erste „Minicomputer" (mit einer Größe von immerhin noch 50×150 Zentimetern). Dieses 1965 vorgestellte Gerät bestand aus 300 Karten mit je sechs Transistoren. Integrierte Schaltungen gab es damals noch nicht.

In Sachen Coden erinnert der Friden Flexowriter aus den 1950er-Jahren daran, dass Programmierer noch bis in die 1970er-Jahre ihre Verarbeitungsaufträge über einen Streifen eingaben und die Ergebnisse auf dieselbe Weise erhielten. Man erfährt, dass das Lochkartensystem in den USA für die Volkszählung von 1892 erfunden wurde und in der Entwicklung einer Maschine mündete, die ab 1919 an den Hochschulen zum Speichern von Programmen eingesetzt wurde.

Das Computer-Museum ist ferner im Besitz eines Exemplars des beeindruckenden analogen Computers EAI680, mit dem bereits Differentialgleichungen gelöst werden konnten. In den 1960er-Jahren war dies der einzige Rechner, der in Echtzeit arbeitete und seine Ergebnisse auf einem Oszilloskop anzeigte, einem Polaroid-Gerät zum fotografischen Archivieren ausgeführter Operationen.

Abgesehen von Maschinen für komplexe Berechnungen (vor allem Flugbahnen von Raumfähren) illustrieren mehrere Geräte den einzigartigen Aufstieg des Personal Computer: Neben dem Apple Lisa (1983), dem ersten Macintosh (1984) und dem IBM AT (1984) stehen erste „tragbare" Modelle (vor allem der Compass II von 1982) und „Tablets" (1987 stellte Apple den Newton vor, Vorgänger des iPads von 2010).

Darüber hinaus beherbergt das Museum einige Kuriositäten aus vordigitaler Zeit, zum Beispiel elektromechanische Rechner, wie sie Mathematiker zu Beginn des 20. Jahrhunderts verwendeten.

LEVENLOOS GEBOREN
KINDEREN

DAS BESTATTUNGSMUSEUM

Särge, Leichenwagen und Totenmasken

Nederlands Uitvaart Museum Tot Zover, Kruislaan 124
020 694 04 82 – totzover.nl
Mittwoch bis Sonntag 11–17 Uhr

Das Bestattungsmuseum Tot Zover, das passenderweise direkt am Friedhof De Nieuwe Ooster liegt, zeigt vor allem Stücke aus der Privatsammlung von Henk Kok (1923–2021), die dieser ab Mitte der 1960er-Jahre zusammentrug. Kok, der sich leidenschaftlich für das Thema interessierte, gab sogar seine berufliche Tätigkeit auf, um sich ganz den Recherchen über die Entwicklung des Umgangs mit dem Tod widmen zu können. Die Ergebnisse seiner Arbeit veröffentlichte er 2000 in seinem Buch *Funerair Lexicon*.

Im postindustriellen Zeitalter hatte man begonnen, sich dem Thema Tod auf andere, neue Weise zu nähern. Viele Menschen verstarben nun in Krankenhäusern; pferdegezogene Leichenwagen und Trauerkleidung wurden seltener. Henk Kok trug sich bereits ab 1964 mit dem Gedanken, die Erinnerung an alte Gebräuche zu bewahren, die er verschwinden sah. Erst 1990 jedoch nahm sein Ausstellungsprojekt mit Gründung der Stiftung für das Bestattungsmuseum konkretere Formen an. Das Museum selbst wurde erst im Jahr 2000 eröffnet.

Je nach individueller Persönlichkeit bietet diese kleine Ausstellung eine unterhaltsame oder eher traumatisierende Annäherung an das Thema.

IN DER UMGEBUNG

Die Gräber auf dem Friedhof Zorgvlied ⑤

Zorgvlied begraafplaats, Amsteldijk 273

Auf dem Friedhof Zorgvlied haben die Toten greifbare Spuren ihrer Persönlichkeit hinterlassen. Viele niederländische Berühmtheiten wählten diesen Ort als letzte Ruhestätte. Besonders sehenswert sind das Mausoleum des Zirkusgründers Oscar Carré, das Grab des berühmten Besitzers des Nachtclubs *iT*, Manfred Langer – darüber thront eine Statue, die ihn mit einem Glas Bier in der Hand zeigt –, und das von bunten Kacheln umgebene Grab der Kinderbuchautorin Annie M. G. Schmidt (*Jip en Janneke*, dt. *Heiner und Hanni*). Ein Stück weiter erkennt man eine Bronzebüste des TV-Moderators Joop Doderer, die diesen als Tramp Swiebertje mit dem typischen Hut aus seiner erfolgreichen Serie des gleichen Namens darstellt. Das Grab von Hildo Krop (s. S. 154) ziert eine typische Skulptur im Stil der Amsterdamer Schule.

DIE ANATOMISCHE SAMMLUNG DES MUSEUM VROLIK ⑥

Eine Monstergalerie aus dem 18. Jahrhundert

Medizinische Fakultät A.M.C., Gebäude J0, neben den Hörsälen 2 und 3
Meibergdreef 15 – 020 566 49 28
museumvrolik@amsterdamumc.nl – museumvrolik.nl
Montag bis Freitag 11–17 Uhr
Medizinstudenten, Kinder unter 4 Jahren: Eintritt frei
Kindern und Schwangeren wird von einem Besuch abgeraten

Das anatomische Museum Vrolik beeindruckt mit seiner außerordentlichen Größe (rund 10.000 in Alkohol konservierte Präparate), aber auch und vor allem mit seiner Sammlung an Skeletten, menschlichen und tierischen Föten mit Fehlbildungen und anderen Absonderlichkeiten.

Die ersten Präparate gehen auf den Anatomieprofessor Gerardus Vrolik (1755–1859) und seinen in gleicher Profession tätigen Sohn Willem (1801–1863) zurück. Ihr Museum Vrolikianum, das sich seinerzeit noch bei ihnen zu Hause befand, umfasste sowohl anatomische als auch zoologische und teratologische Objekte (s. unten). 1869 kaufte eine Gruppe wohlhabender Bürger den Besitz dieses Privatmuseums auf und schenkte ihn der Stadt Amsterdam. Die Sammlung wurde daraufhin den anatomischen Laboratorien des Athenaeum Illustre, Vorgänger der Universität Amsterdam, übergeben und wuchs dort weiter, vor allem durch eine Schenkung des Arztes Jacobus Hovius (1710–1786), der ab 1736 begonnen hatte, eine eigene pathologische Knochensammlung aufzubauen. 1772 übergab er seine Präparate der Chirurgengilde von Amsterdam, die diese zur Ausbildung ihrer Chirurgiestudenten verwendete und später an das Museum Vrolik weiterreichte. Im Lauf der Zeit ergänzten andere Objekte, wie insbesondere 150 Föten mit angeborenen Fehlbildungen, die Sammlung zu Ausbildungs- und Forschungszwecken. 1984 waren die Präparate in den Räumen der medizinischen Fakultät erstmals öffentlich zu sehen.

Heute veranschaulichen die Exponate – in Verbindung mit den Erläuterungen des Museumskonservators – den Besuchern die schwerwiegenden Folgen von Erkrankungen wie Rachitis, Tuberkulose oder Syphilis. Etwas leichtere Kost sind die zoologischen Präparate, die Willem Vrolik ebenfalls sammelte. Louis Napoléon Bonaparte, erster König von Holland (1806–1810), hatte 1806 mit dem Aufbau einer lebenden Tiersammlung begonnen, die in dem botanischen Garten untergebracht war, dem Gerardus Vrolik als Direktor vorstand.

Als der königliche Löwe starb, wurde sein Skelett zum nächsten Stück in der Sammlung Vrolik. Heute ist es in der „Kette des Lebens" im Museum zu sehen, die die Auffassung von Gerardus und Willem Vrolik nachzeichnet, wonach alle Lebewesen gemäß einer präzisen Ordnung vom einfachsten zum komplexesten erschaffen wurden.

Die Teratologie (von gr. *téras*, „Monster", und *lógos*, „Wissenschaft") ist die Lehre von den angeborenen Fehlbildungen.

DIE SABBATSÄULE AM AMSTELUFER

7

Eine Wegmarke des alten Amsterdamer Eruv

Der Metallkasten am Ufer der Amstel erinnert an einen einfachen Stromkasten. In Wahrheit handelt es sich jedoch um eine Wegmarke der rituellen Grenze, die als *Eruv* (s. folgende Doppelseite) bezeichnet und von der jüdisch-orthodoxen Gemeinde Amsterdams eingerichtet wurde.

Bis 1863 verlief diese Grenze direkt auf der Linie der eigentlichen Stadtmauer. Als diese jedoch zerstört wurde, musste eine andere Lösung gefunden werden, um den *Eruv* zu kennzeichnen. Daraus entstand das ausgeklügelte System der metallenen Sabbatsäulen (nl. *Sjabbatpalen*), in denen Ketten verwahrt wurden, die jeden Freitagabend herausgenommen und zum *Eruv* verbunden wurden. Nach Ablauf des Sabbats verschwanden die Ketten bis zur nächsten Woche wieder in den kuriosen kleinen Schranknischen.

Diese Tradition wurde 1972 auf Beschluss des Großrabbiners von Amsterdam aufgegeben, nachdem es sich wegen der Stadterweiterung als praktisch unmöglich erwies, sie aufrechtzuerhalten.

Im Hinblick auf die Errichtung eines neuen *Eruv* benötigte das Amsterdamer Rabbinat einen langen Atem. Erst 36 Jahre nach Auflösung des ersten konnte am 6. März 2008 ein neuer Sabbatzaun eingeweiht werden. Dieser zeigt sich hauptsächlich in Kanälen und Seen und erstreckt sich über ganz Amsterdam, Amstelveen und darüber hinaus.

Dieser weitreichende *Eruv* wird seitdem kontinuierlich durch Rabbiner aus der Stadt überprüft. Über eine eigens eingerichtete Telefonnummer wird wöchentlich überprüft, ob die Grenze durchgängig steht und auch keine Lücken (vor allem bei großer Kälte) aufweist.

Nähere Informationen über den *Eruv* auf der folgenden Doppelseite.

In Amsterdam sind auch an anderer Stelle Sabbatsäulen zu sehen, unter anderem im Süden des Amstelparks (gegenüber der Mühle, neben der Rembrandt-Statue) und nahe der Brücke Utrechtsebrug an der Kreuzung De Borcht/Amsteldijk. Auch das Jüdische Historische Museum (Nieuwe Amstelstraat 1) besitzt eine Sabbatsäule.

Was ist ein Eruv?

Der *Eruv* (Pl.: *Eruvim*) ist eine rituelle Abgrenzung, die von jüdisch-orthodoxen Gemeinden eingerichtet wird, um einen Raum zu schaffen, an dem am Sabbat und an bestimmten anderen Feiertagen Tätigkeiten dennoch ausgeführt werden können, die eigentlich außerhalb der eigenen vier Wände verboten sind: Indem der öffentliche Raum symbolisch vorübergehend in einen privaten Raum – also eine Erweiterung des Zuhauses – umgewidmet wird, ist am Sabbat auch draußen ein fast normales Leben möglich: etwa das Haus mit dem Schlüssel in der Hand verlassen, zum Gehen einen Gehstock benutzen, ein Kind auf dem Arm tragen oder im Kinderwagen schieben... Ursprünglich bildeten die alten Stadtmauern die Grenzen der *Eruvim*, die Stadttore galten als Übergang zwischen öffentlichem und privatem Raum. Die Ausdehnung der modernen Städte machte ein solches System jedoch unmöglich. So wurden neue Maßnahmen zur Abgrenzung des rituellen Raums ergriffen: Je nach Beschaffenheit des Orts ersetzen heute Schnüre, Seile oder Ketten die früheren Mauern. Der Plan rechts zeigt die aktuellen Grenzen des Amsterdamer *Eruv*. Viele Abschnitte sind durch Wasserläufe abgegrenzt. Im Winter müssen sich orthodoxe Juden vergewissern, dass die Kanäle und Flüsse nicht zugefroren sind – denn dann wäre die Grenze überwindbar und damit ein Einschnitt in den *Eruv*.

Die 39 verbotenen Arbeiten

Für den Sabbat und bestimmte Feiertage verbietet der Talmud 39 Kategorien von Arbeit, deren Ausübung die Heiligkeit dieser Tage entweihen würde. Nach jüdischer Tradition stehen diese Arbeiten mit der Konstruktion des Mischkan in Zusammenhang. Die Verbote erstrecken sich folglich auf alle „kreativen“ Tätigkeiten, mit denen etwas Neues oder eine neue Situation geschaffen wird und die Bereiche außerhalb des engen familiären Umfelds betreffen. Nicht erlaubt sind die Herstellung von Brot (pflanzen, pflügen, ernten, Getreide bündeln, dreschen, worfeln, sortieren, mahlen, sieben, kneten, kochen/backen), von Stoff (Tiere scheren, Wolle waschen, kardieren, färben, spinnen, einen Webstuhl aufstellen, weben, Fäden trennen, binden, lösen, nähen, zerreißen) oder von Leder (Fallen stellen, Tiere schächten und enthäuten, Häute gerben, glätten/scheren, vorzeichnen, zuschneiden). Weiterhin untersagt ist es, mehr als zwei Buchstaben zu schreiben und auszuradieren sowie etwas auf- oder abzubauen. Es darf kein Feuer entzündet oder gelöscht werden, allgemein darf keine Arbeit fertiggestellt werden. Das letzte Verbot betrifft die Beförderung bzw. Mitnahme einer Sache aus dem Zuhause in ein öffentliches Umfeld.

Der Sabbat

Der Begriff „Sabbat" bezeichnet in der jüdischen Woche den Samstag. Er beginnt am Freitagabend bei Sonnenuntergang und endet am Samstag mit dem Aufgehen der beiden ersten Sterne.

WEIßE NUMMERN AN AMSTERDAMER HÄUSERN

8

Ein Relikt aus Zeiten der Ausgangssperre im Zweiten Weltkrieg

Die Nummern sind überall in Amsterdam zu finden, z. B. im Kramatweg 7 und in der Roerstraat 65.
spoorzoekeninderivierenbuurt.nl

Geht man durch die Straßen von Amsterdam, so fallen einem an vielen Gebäuden weiße Zahlen auf, die, in unterschiedlicher Größe, jeweils der Hausnummer auf den offiziellen Schildern entsprechen.

Erst ab 2005 weckten die weißen Nummern das Interesse mehrerer Vereine. Man begann, sie zu registrieren und ihre Bedeutung zu erforschen. Eingehende Archivrecherchen ergaben, dass die meisten dieser Markierungen aus dem Zweiten Weltkrieg stammten. Doch wofür standen sie?

Da die meisten der weißen Nummern heute in Transvaalbuurt und Rivierenbuurt zu finden sind, Stadtteilen, aus denen viele Juden von den deutschen Besatzern deportiert wurden, dachte man zunächst, die Markierungen hätten den Nazi-Schergen Hinweise auf Wohnungen gegeben, in denen jüdische Menschen lebten. 2010 indes kamen Umfragen unter Einheimischen zu einem anderen Ergebnis: Danach sollten die mit Kreide, Kalk oder Farbe an die Gebäude geschriebenen Zahlen schlicht den darin lebenden Menschen die nächtliche Suche nach ihrem Zuhause erleichtern.

Ab der Nacht vom 10. auf den 11. Mai 1940 galt in Amsterdam bis Kriegsende eine Ausgangssperre. Fenster wurden verdunkelt, Straßen nicht mehr beleuchtet. Die Dunkelheit, die daraufhin herrschte, half zwar, die Stadt vor Luftangriffen zu schützen, führte jedoch auf der anderen Seite zu zahlreichen Unfällen, bei denen unter anderem viele Menschen in die Kanäle stürzten und ertranken. Aus diesem Grund trugen viele Menschen eine kleine, dynamobetriebene Taschenlampe bei sich, in deren fahlem Schein sie die weißen Nummern an den Fassaden erkennen und so nach Hause finden konnten.

Der Luftschutzdienst (*Luchtbeschermingsdienst*) und später der Zivilschutz (*Bescherming Burgerbevolking*) empfahlen dieses Vorgehen zwischen 1936 und 1985. Viele Bewohner zogen in dieser langen Zeit die weißen Nummern an ihren Häusern regelmäßig nach, während ihre eigentliche Bedeutung nach und nach in Vergessenheit geriet.

Heute widmen sich mehrere Vereine dem Erhalt dieser Zeugnisse der Vergangenheit, sodass inzwischen immer mehr weiße Nummern an den Fassaden durch vorgesetzte Glastafeln geschützt sind.

PIZZERIA-BOAT-IN

9

Boat-in statt Drive-in

Pizzeria San Marco
Amstelkade 148a
020 673 08 84

Wer das Glück hat, ein Boot zu besitzen, oder die gute Idee, sich eines zu mieten (s. unten), kommt in den einzigartigen Genuss, die Stadt aus einer anderen Perspektive kennenzulernen.

Nutzen Sie die Gelegenheit und statten Sie unbedingt der Pizzeria San Marco einen Besuch ab. Gäste werden hier nämlich auch wasserseitig bedient, ohne einen Fuß an Land setzen zu müssen. Amsterdam hat damit gewissermaßen, angeführt von den Inhabern der Pizzeria, ein neues Konzept erfunden: Boat-in, statt Drive-in, lautet hier das Motto.

Die Zeiten des im Auto irgendwo in einem tristen Vorort verspeisten Big Mac sind vorbei. In Amsterdam genießt man ab sofort mit Stil! Die Pizzeria befindet sich in einem der vier kleinen Gebäude an der Brücke über den Amstelkanal.

Ein Boot mieten in Amsterdam

Wie in Venedig ist auch in Amsterdam das beste Verkehrsmittel für eine Stadtbesichtigung vermutlich das Boot. Selbstverständlich empfehlen wir Ihnen hier nicht die Touristenkähne, die einem mit ihren aus Lautsprechern schallenden Erklärungen in verschiedenen Sprachen ganz schön auf die Nerven gehen können. Wir mieten lieber unser eigenes Boot, auch ohne Führerschein. Vorteil gegenüber Venedig: In den Amsterdamer Kanälen herrscht deutlich weniger Verkehr! Eine Buchung der traditionellen Boote, genannt *salonbooten*, ist stunden- oder tageweise, mit oder ohne Skipper sowie mit oder ohne Catering möglich. Reservierung bei Lovers (lovers.nl) gegenüber dem Bahnhof oder bei KINboat in der Prinsengracht (kinboat.com). Elektroboote ohne Skipper können bei Canal Motorboats (020 422 70 07) oder Cruise with us (020 774 27 64) angemietet werden.

IN DER UMGEBUNG

Das Barometer am Hotel Okura

Ferdinand Bolstraat 333
020 678 71 11

Mit 75 Metern ist das *Okura* das höchste Barometer der Niederlande. Die Unterseite des Dachs wird je nach Luftdruck in verschiedenen Farben angestrahlt und gibt Passanten so einen Hinweis auf bevorstehende Wetterumschwünge. Blau steht dabei für schönes Wetter, Grün für eine nahende Schlechtwetterfront.

ZISTERNENHAUS AN DER TRETJAKOVLAAN

11

Wohnungen in einer früheren Kläranlage

Watertank Woningen, Tretjakovlaan 4–16

In dem beliebten Viertel, in dem sich Wohnblöcke und kleine Holzhäuser abwechseln, fällt eine Behausung optisch besonders ins Auge. Zu Recht: Die drei ausgefallenen Betonzylinder waren bis in die 1980er-Jahre Teil einer Kläranlage.

Zwischen 1999 und 2000 gelang den drei niederländischen Architekten Dirk van Gameren, Bjarne Mastenbroek und Paddy Tomesen das Kunststück, die von Haus aus wenig einladenden Bauten in exklusive Wohnungen zu verwandeln.

Zunächst ging es an den Umbau des größten, zwölf Meter hohen Tanks. Dazu wurde das Dach ebenso wie die Anlagen im Inneren komplett entfernt und ein rechteckiges, vier Stockwerke hohes Gebäude eingesetzt. Darin befinden sich sechs Wohnungen und ein Penthouse mit Panoramablick, das nach oben hin über den ursprünglichen Bau hinausragt. Auch die dicken Betonwände machten sich die Architekten zunutze und zogen bei den Eingangs- und Fensteröffnungen Balkone ein. Auf der Westseite setzten sie große Fensterfronten ein, die viel Licht in das Gebäudeinnere ließen. Abgerundet wird dieses erstaunliche Werk der Baukunst durch ein Parkhaus im Erdgeschoss des Zylinders. Die beiden anderen Tanks entgingen ebenfalls dem Abriss und beherbergen heute Lagerräume für die Bewohner des Wohnzylinders bzw. wie einst eine Kläranlage für die hier anfallenden Abwässer.

Der größte Zylinder wurde auf den Namen Dik Trom getauft und verweist damit auf eine Figur des 1907 erschienenen Kinderbuchs *De zoon van Dik Trom* von Cornelis Johannes Kieviet. Es erzählt die Geschichte eines Jungen, der gern viel isst und immer dicker wird.

IN DER UMGEBUNG

Ein eigenes Gelände für kleine Baumeister ⑫

Bouwspeelplaats Het Landje, Rembrandtpark 1
020 618 36 04
Geöffnet für Kinder von 6 bis 14 Jahren: Dienstag bis Freitag 12–17 Uhr, im Sommer 12–17:30 Uhr, Samstag und in den Schulferien 10–17 Uhr

Seit mehreren Jahrzehnten können Kinder in einem Teil des Rembrandtparks ihre eigene Holzhütte bauen. Es ist ein Ort, an dem Nationalität und Herkunft keine Rolle spielen. Alles, was man braucht, wird gegen einen symbolischen Unkostenbeitrag zur Verfügung gestellt. Wer mindestens einmal wöchentlich zum Bauen kommt, kann seine Hütte über einen längeren Zeitraum behalten.

NOTIZEN

Im September 1995 kommt Thomas Jonglez im pakistanischen Peschawar, 20 Kilometer von den Stammesgebieten entfernt, die er wenige Tage später besucht, auf die Idee, die ihm bekannten verborgenen Orte von Paris zu Papier zu bringen. Seine siebenmonatige Reise von Peking nach Paris führt ihn damals unter anderem nach Tibet (in das er ohne gültige Papiere, versteckt unter Decken in einem Nachtbus, einreist), in den Iran und nach Kurdistan. Den gesamten Weg legt er ohne Flugzeug, ausschließlich per Schiff, Anhalter, Fahrrad, Zug oder Bus, reitend und zu Fuß zurück. Er erreicht Paris gerade noch rechtzeitig, um mit seiner Familie Weihnachten zu feiern. Nach der Rückkehr in seine Geburtsstadt verbringt er zwei Jahre mit der Erkundung praktisch aller Straßen von Paris, um, gemeinsam mit einem Freund, seinen ersten Reiseführer über die Geheimnisse von Paris zu schreiben. Anschließend ist er zunächst sieben Jahre in der Eisen- und Stahlindustrie tätig, bevor ihn erneut die Leidenschaft packt und er sich ganz dem Entdecken widmet. 2003 gründet er seinen Verlag, 2006 zieht er nach Venedig. 2013 zieht es ihn mit seiner Familie wieder in die Welt hinaus. Sechs Monate führt die Reise von Venedig über Nordkorea, Mikronesien, die Salomon-Inseln, die Osterinsel, Peru und Bolivien nach Brasilien. Nach sieben Jahren in Rio de Janeiro lebt Thomas heute mit seiner Frau und seinen drei Kindern in Berlin. Die Publikationen des Jonglez Verlags sind in neun Sprachen und 40 Ländern erhältlich.

DANKSAGUNG

Unser herzlicher Dank gilt Corné Henri Bibo für den Großteil der Fotos, Christelle de Cazenove für ihre Übersetzungshilfe und das Bild von Pierre Cuypers, Françoise Labouchere für ihre Bearbeitung und Minne Dijkstra für ihre historischen Einblicke. Wir möchten uns auch bei der Vereinigung Tesselschade Arbeid Adelt e.V. für ihre Gastfreundschaft, sowie Victoria de Regt, Nick Padalino, Herbert van Hasselt, Pierre de Viel Castel, Jules Faber, Kyra ten Cate, Fenny van Wees, Dunya Verwey und Boudewijn Zwart bedanken.

BILDNACHWEISE

Alle Fotos wurden von **Corné Henri Bino** und **Lynn Van der Velden** aufgenommen, mit Ausnahme der folgenden:
Joods Historisch Museum: Sabbatsäule am Amstelufer
Museum van Speelklok: Drehorgelmuseum von G. Perlee
Jona Andersen: Tresorraum der Börse von Berlage
Thomas Mayer: Occo Hofje
Alexander van Eys: verschiedene Stiche
Vereniging Vrienden van Amsterdamse Gevelstenen: verschiedene Fassadenelemente
Madame Ritman: Embassy of the Free Mind
Régine Lemarchand: Relief am Tor des alten Spinhuis-Gefängnisses, Bethanienkloster, Fassadenstein des heiligen Nikolaus, Geheime Papageienkapelle, Grab von Cornelia Arents, Amsterdamer Lepra-Tor, Fassadenstein der Papiermühle, Überreste des Jan Roodepoortstoren, Brennerei De Ooievaar, Indoor-Skipiste, Finger in der Passage am Rijksmuseum, „Briefkasten" der *Nachtwache*, Davidsterne in der Ehrengalerie
Natascha Sylvestre: mehrere Fotos, die nördlich von Amsterdam aufgenommen wurden
Donatienne Bodart: einige Fotos aus dem Rijksmuseum
Victoria de Regt: verschiedene Themen
Thomas Jonglez: Symbole des Großen Saals des Rijksmuseums
Frans Daman: Haus von Gisèle

Karten: **Jean-Baptiste Neny** – Layout: **Emmanuelle Willard Toulemonde** – Deutsche Übersetzung: **Tanja Felder** – Lektorat: **Sabine Hatzfeld und Christiane Manz** – Korrektorat: **Johanna Kling** – Ausgabe: **Clémence Mathé**

Mai 2024 – 1. Auflage
ISBN: 978-2-36195-080-4
Gedruckt in Bulgarien von Dedrax